北京大學《儒藏》編纂與研究中心 編

《儒藏》精華編選刊

論語集解

〔三國·魏〕何晏 撰
孫欽善 校點

北京大學出版社
PEKING UNIVERSITY PRESS

圖書在版編目(CIP)數據

論語集解 /（三國魏）何晏撰；北京大學《儒藏》編纂與研究中心編. --北京：北京大學出版社，2025.3. --（《儒藏》精華編選刊）. --ISBN 978-7-301-35833-7

Ⅰ. B222. 22

中國國家版本館CIP數據核字第2025VE5764號

書　　名	論語集解 LUNYU JIJIE
著作責任者	〔三國・魏〕何晏 撰 孫欽善 校點 北京大學《儒藏》編纂與研究中心 編
策劃統籌	馬辛民
責任編輯	王 應
標準書號	ISBN 978-7-301-35833-7
出版發行	北京大學出版社
地　　址	北京市海淀區成府路205號　100871
網　　址	http://www.pup.cn　　新浪微博：@北京大學出版社
電子郵箱	編輯部 dj@pup.cn　總編室 zpup@pup.cn
電　　話	郵購部 010-62752015　發行部 010-62750672 編輯部 010-62756694
印 刷 者	三河市北燕印裝有限公司
經 銷 者	新華書店 650毫米×980毫米　16開本　9.75印張　86千字 2025年3月第1版　2025年3月第1次印刷
定　　價	50.00元

目録

校點説明

《論語集解》舊題何晏撰，實際是在何晏主持下集體編撰而成的。據《論語序》，同撰者尚有孫邕、鄭冲、曹羲、荀顗四人。序末署名何晏居最後。一般認爲，這既體現官位尊者結銜於後之古例，又表示何晏在編撰中所起的主導作用，故《論語集解》署名往往單標何晏以爲代表。

何晏（一九〇—二四九），三國魏宛（今河南南陽）人。漢何進之孫，隨母爲曹操收養，娶魏公主。魏明帝時，曹爽執政，任爲腹心，因伙同曹爽謀反遭誅，事蹟見《三國志·魏書·曹真傳》附《曹爽傳》。何晏好《易》及老莊言，並援道入儒，成爲著名的玄學家。《論語集解》首創注釋之作的「集解」體，是《論語》漢魏諸家注解的集成之作，較爲集中地保存了《論語》的漢魏古注，影響很大，後世學者多在其基礎上作疏，如皇侃《論語義疏》、邢昺《論語注疏》（又稱《論語正義》）、劉寶楠《論語正義》等，都是如此。

完整的《論語》單集解本，在國内早已中斷流傳，而在日本流傳的鈔本、刻本頗多，其中以正平版《論語集解》最具代表性。

正平版《論語集解》，爲日本南朝後村上天皇正平十九年（甲辰，中國元至正二十四年，公元一三六四年）所刻，流傳有三種，即日本學者所稱的雙跋本、單跋本和無跋本。所謂雙跋本，即全書末頁有兩則刊記者，一則緊接正文之末並居卷題之前，分兩行題曰：「堺浦道祐居士重新命工鏤梓　正平甲辰五月吉日謹志」；另一則在卷題之後末行，居下題曰：「學古神德楷法日下逸人貫書」。很明顯，前則刊記據刊刻者道祐居士題識刻成，故字體風格與全書不盡一致；後則刊記據書字上版者日下逸人貫所記刻成，字體風格與全書一致，即「日下逸人貫」所學（摹倣）「古神德楷法」（據日本學者考證，古神德爲奈良朝寫經生）。單跋本則僅存前一則刊記。無跋本則兩則刊記全無。雙跋本、單跋本和無跋本，版式行款完全一致，字體亦有影摹關係，微有差異。個別處還存在異文，當爲校刻所致。

關於三種正平版《論語集解》刊刻的先後關係，日本學者曾經存在不同意見，孰先孰後，見解甚至完全相左。但比較趨同的意見是認爲雙跋本爲祖本（參見影印大阪府立圖書館藏本正平版《論語集解》十卷後所附《正平版論語集解考》中武内義雄《正平版論語源流考》及長田富作《正平版論語之研究梗概》）。我們同意這種看法，蓋雙跋本既刻有刊刻者的題識，又刻有書字上版者的題記，恰爲初刻本的特徵；單跋本既爲影摹覆刻，祇存原刊刻者題識以明其底本即可，字體既已非原本之真，原書字上版者之題記自可略去。至於無跋本，當爲輾轉影摹覆刻之本，其原始底本固可忽略，故原始底本的刊刻者亦無留存的必要；又或覆刻者欲標新立異，故意刊落原有的一切刊記，花樣翻新造出别本，亦不無可能。

正平版《論語集解》後來傳入中國，因不明「正平」係日本年號，曾經被清人錢曾誤爲高麗本，如其《讀書敏求記》記述所謂「高麗本」云：「末二行云：『堺浦道祐居士重新命工鏤梓，正平甲辰五月吉日謹誌。』未知『正平』是朝鮮何時年號，俟續考之。」這裏所引「末二行」題記，已如上述，恰爲日本正平本所有，「正平」是日本南朝後村上天皇年號，而不是朝鮮年號。錢曾之誤，曾爲清人黄丕烈所糾正，如《蕘圃藏書題識》卷一云：「何晏《論語集解》十卷，有高麗本，此見諸《讀書敏求記》者也。《記》云：『此書乃遼海道蕭公諱應宫監軍朝鮮時所得，甲午初夏，予以重價購之於公之仍孫。』似遵王（錢曾字）之言甚的矣，其實不然。余向於京師遇朝鮮使臣，詢以此書，并述行間所注字，答以此乃日本書，余尚未之信。頃獲交翁海村，海村著有《吾妻鏡補》，舉正平年號問之，海村云：『其年號正平，實係日本年號，並非日本國王之號，是其出吉野僭竊其國號曰南朝，見《日本年號箋》。』據此則書出日本，轉入朝鮮。遵王但就其得書之所，故誤認爲高麗鈔本耳。」而阮元似未見黄丕烈此説，故其《十三經注疏·論語注疏校勘記》仍「據海寧陳鱣《論語古訓》本所引」「高麗本」進行校勘（見《論語注疏校勘記序》後《引據各本目録》），實間接沿襲錢曾之誤（此誤在文物出版社出版的定州漢墓竹簡《論語》及北京大學出版社出版的《十三經注疏》本《論語》的校勘記中仍在沿襲，未予指正)。《四部叢刊・論語集解》影印牌記云：「上海涵芬樓借長沙葉氏觀古堂藏日本正平本影印」，葉氏即葉德輝，其對日本正平版《論語集解》雖判斷不誤，但所藏《論語集解》卻非日本正平版原本。筆者曾將《四部叢刊》影印本《論語集解》與大阪府立圖書館所藏雙跋本之影印本對勘，字體雖有明顯摹寫跡象，但筆畫結構有所走樣，而且有異文，甚至有誤字，詳可參筆者所撰中華書局《四部要籍注疏叢刊・論語・前言》。後來筆者又發現，《四部叢刊》影印本卷八末頁左欄外下端有「朝虎風刻」四字，此四字日本三種正平版《論語集解》均無。「朝虎風」當爲刻工姓名，可以確證葉氏所藏乃是中國的一種新的正平版《論語集解》影刻本，並非原本；且祇有刊刻者一種刊記，而又與日本單跋本字體有異，可見乃是據雙跋本影刻，略去其書字人一跋。

至於正平版《論語集解》與皇侃《論語義疏》所據《論語集解》和邢昺《論語注疏》所據《論語集解》的關係，比較複雜。正平版正文注文多同皇疏本，而與邢疏本多異，但亦有與邢疏本相同而與皇疏本不同者。這種錯綜複雜的情況説明正平版淵源有自，是一個自成系統的單集解本，並非出自皇疏本，更非出自邢疏本。同時還可以説明皇疏和邢疏所據《論語集解》各有所本，並不是在兩疏之間前後流傳中産生的差異。

根據以上情況，此次整理《論語集解》，以正平雙跋本爲底本（據日本昭和八年（一九三三）正平版《論語》刊行會影印大阪府立圖書館藏本，此藏本第五卷《子罕》《鄉黨》、第六卷《先進》《顏淵》原缺，影印時據單跋本配補，見今井貫一《關於正平版論語的影印》）。至於校本，日本單跋本、無跋本及中國影刻本，皆源出雙跋本，屬於同一系統，無校勘價值，可以忽略；而皇疏所據《集解》及邢疏所據《集解》與單集解本屬於不同系統，文字各有優劣，則有對校的必要，故列爲校本，不僅校是非，亦酌校異同，旨在反映各本面貌，以明其系統。校記中皇疏本（以《知不足齋叢書》本爲據）簡稱「皇本」，邢疏本（以清嘉慶二十年江西南昌府學刻阮元校本爲據）簡稱「邢本」。間採阮元校勘記，標以「阮校」。底本章與章接寫，今爲方便閱讀，改爲一章一段。

校點者　孫欽善

二〇〇四年一月

論語序

叙曰：漢中壘校尉劉向言《魯論語》二十篇，皆孔子弟子記諸善言也。太子太傅夏侯勝、前將軍蕭望之、丞相韋賢及子玄成等傳之。《齊論語》二十二篇，其二十篇中章句頗多於《魯論》，瑯琊王卿及膠東庸生、昌邑中尉王吉，皆以教之。❶故有《魯論》，有《齊論》。魯恭王時，嘗欲以孔子宅爲宫，壞，得《古文論語》。《齊論》有《問王》、《知道》，多於《魯論》二篇。《古論》亦無此二篇，分《堯曰》下章「子張問」以爲一篇，有兩《子張》，凡二十一篇。篇次不與《齊》、《魯論》同。安昌侯張禹本受《魯論》，兼講《齊》説，善從之，❷號曰「《張侯論》」，爲世所貴，苞氏、周氏章句出焉。《古論》唯博士孔安國爲之訓説，而世不傳。至順帝時，南郡太守馬融亦爲之訓説。漢末，大司農鄭玄就《魯論》篇章，考之《齊》、《古》，以爲之註。近故司空陳群、太常王肅、博士周生烈皆爲《義説》。前世傳受師説，雖有異同，不爲訓解。❸中間爲之訓解，至于今多矣。所見不同，互有得失。今集諸家之

❶ 「教」下，皇本有「授」字。「之」，邢本作「授」。

❷ 「善」下，皇本、邢本有「者」字，是。

❸ 「爲」下，皇本有「之」字。

善説，記其姓名，有不安者頗爲改易，名曰《論語集解》。光禄大夫關内侯臣孫邕、光禄大夫臣鄭冲、散騎常侍中領軍安鄉亭侯臣曹羲、侍中臣荀顗、尚書駙馬都尉關内侯臣何晏等上。

論語學而第一　　何晏集解凡十六章

○**子曰：「學而時習之，不亦悅乎？** 馬融曰：❶「子者，男子之通稱，謂孔子也。」王肅曰：❷「時者，學者以時誦習之。誦習以時，學無廢業，所以爲悅懌也。」**有朋自遠方來，不亦樂乎？** 苞氏曰：❸「同門曰朋也。」**人不知而不慍，不亦君子乎？」** 慍，怒也。凡人有所不知，君子不慍也。

○**有子曰：** 孔安國曰：❹「弟子有若。」❺**「其爲人也孝悌，而好犯上者，鮮矣。** 鮮，少也。上，謂凡在己上者。言孝悌之人必有恭順，好欲犯其上者少也。**不好犯上，而好作亂者，未之有也。君子務本，本立而道生。** 本，基也。基立而後可大成也。**孝悌也者，其仁之**

---

❶「馬融曰」，皇本同，邢本作「馬曰」。以下同此者，不再一一出校。
❷「王肅曰」，皇本同，邢本作「王曰」。以下同此者，不再一一出校。
❸「苞氏曰」，皇本同，邢本作「包曰」。以下同此者，不再一一出校。
❹「孔安國曰」，皇本同，邢本無此四字。
❺「弟子有若」，皇本同，邢本作「孔子弟子有若」。

本與？」先能事父兄，然後可乃仁成也。

○子曰：「巧言令色，鮮矣仁。」苞氏曰：「巧言，好其言語。令色，善其顏色。皆欲令人說之，少能有仁也。」

○曾子曰：馬融曰：「弟子曾參也。」**「吾日三省吾身：爲人謀而不忠乎？與朋友交言而不信乎？❶傳不習乎？」**言凡所傳之事，得無素不講習而傳乎？

○子曰：「導千乘之國，馬融曰：「導，謂爲之政教也。《司馬法》：『六尺爲步，步百爲畝，畝百爲夫，夫三爲屋，屋三爲井，井十爲通，通十爲城，❷城出革車一乘。』然則千乘之賦，其地千城也，居地方三百一十六里有奇，❸唯公侯之封乃能容之。雖大國之賦亦不是過焉。」苞氏曰：「導，治。千乘之國者，百里之國也。古者井田，方里爲井，井十爲乘，百里之國，適千乘也。」馬融依《周禮》，苞氏依《王制》、《孟子》，義疑，故兩存焉之。**敬事而信，**苞氏曰：「爲國者，舉事必敬慎，與民必誠信也。」**節用而愛人，**苞氏曰：「節用，不奢侈。國以民爲本，故愛養也。」**使民以時。」**苞氏

---

❶「言」，皇本同，邢本無此字。
❷「城」，皇本同，邢本作「成」。下二「城」字同此。
❸「奇」，皇本同，邢本作「畸」。

曰：「作使民必以其時，不妨奪農務也。」

○子曰：「弟子，入則孝，出則悌，謹而信，汎愛衆而親仁，行有餘力則以學文。」馬融曰：「文者，古之遺文也。」

○子夏曰：「賢賢易色，孔安國曰：❶「子夏，弟子卜商也。言以好色之心好賢則善也。」事父母能竭其力，事君能致其身，孔安國曰：「盡忠節不愛其身也。」與朋友交言而有信，雖曰未學，吾必謂之學矣。」

○子曰：「君子不重則不威，學則不固。孔安國曰：「固，弊也。」一曰：「言人不敢重，既無威，學又不能堅固，識其義理也。」主忠信，無友不如己者，過則勿憚改。」鄭玄曰：❷「主，親也。憚，難也。」

○曾子曰：「慎終追遠，民德歸厚矣。」孔安國曰：「慎終者，喪盡其哀也。追遠者，祭盡其敬也。人君行此二者，民化其德而皆歸於厚也。」

○子禽問於子貢曰：「夫子至於是邦也，必聞其政，求之與？抑與之與？」鄭玄

---

❶「孔安國曰」，皇本同，邢本作「孔曰」。以下同此者，不再一一出校。

❷「鄭玄曰」，皇本同，邢本作「鄭曰」。以下同此者，不再一一出校。

曰：「子禽，弟子陳亢也。子貢，弟子，姓端木，名賜，字子貢也。亢怪孔子所至之邦，必與聞其邦政，求而得邪？抑人君自願與爲治邪？」**子貢曰：「夫子温良恭儉讓以得之。夫子之求也，其諸異乎人求之與？」**鄭玄曰：「言夫子行此五德而得之，與人求異，❶明人君自願與爲治也。」❷

〇子曰：「父在觀其志，父没觀其行，孔安國曰：「父在子不得自專，故觀其志而已。父没乃觀其行也。」**三年無改於父之道，可謂孝矣。」**孔安國曰：「孝子在喪，哀慕猶若父在，無所改於父之道也。」

〇有子曰：「禮之用，和爲貴，先王之道斯爲美，小大由之。有所不行，知和而和，不以禮節之，亦不可行也。」馬融曰：「人知禮貴和，而每事從和，不以禮爲節，亦不可行也。」

〇有子曰：「信近於義，言可復也。復，猶覆也。義不必信，信不必義也。以其言可反覆，故曰近於義也。**恭近於禮，遠耻辱也。**苞氏曰：「恭不合禮，非禮也。以其能遠耻辱，故曰

---

❶「求」下，皇本、邢本有「之」字。

❷「明人君自願與爲治也」，皇本同，邢本作「明人君自與之」。

近於禮也。」因不失其親，亦可宗也。」孔安國曰：「因，親也。言所親不失其親，亦可宗敬也。」

○子曰：「君子食無求飽，居無求安，鄭玄曰：「學者之志，有所不暇也。」敏於事而慎於言，就有道而正焉，可謂好學也已矣。」孔安國曰：「敏，疾也。有道，有道德者也。正，謂問事是非也。」

○子貢曰：「貧而無諂，富而無驕，何如？」子曰：「可也。孔安國曰：「未足多也。」未若貧而樂道，❶富而好禮者也。」鄭玄曰：「樂，謂志於道，不以貧賤爲憂苦也。」子貢曰：「《詩》云『如切如磋，如琢如磨』，其斯之謂與？」孔安國曰：能貧而樂道，富而好禮，能自切磋琢磨者也。」子曰：「賜也始可與言《詩》已矣，告諸往而知來者也。」孔安國曰：「諸，之也。子貢知引《詩》以成孔子義，善取類也，故然之。往告以貧而樂道，來答以切磋琢磨者。」

○子曰：「不患人之不己知，患己不知人也。」❷

---

❶「道」，邢本無此字。據鄭注，其所據本亦無此字。

❷ 此句下皇本有「王肅曰但患己之無能知也」十一字。

論語爲政第二

何晏集解凡廿四章

○子曰：「爲政以德，譬如北辰，居其所而衆星共之。」苞氏曰：「德者無爲，譬猶北辰之不移而衆星共之。」

○子曰：「《詩》三百，孔安國曰：「篇之大數也。」一言以蔽之，苞氏曰：「蔽，猶當也。」曰：『思無邪。』」苞氏曰：「歸於正。」

○子曰：「導之以政，孔安國曰：「政，謂法教。」齊之以刑，馬融曰：「齊整之以刑罰也。」民免而無恥。孔安國曰：「苟免罪也。」導之以德，苞氏曰：「德，謂道德。」齊之以禮，有恥且格。」格者，正也。

○子曰：「吾十有五而志乎學，❶三十而立，有所成立也。四十而不惑，孔安國曰：「不疑惑也。」五十而知天命，孔安國曰：「知天命之終始也。」六十而耳順，鄭玄曰：「耳順，聞

---

❶「乎」，皇本作「於」，邢本作「于」。

其言而知其微旨也。」七十而縱心所欲不踰矩。」❶馬融曰：「矩，法也。縱心所欲無非法也。」

○孟懿子問孝。孔安國曰：「魯大夫仲孫何忌。懿，謚也。」子曰：「無違。」樊遲御，子告之曰：「孟孫問孝於我，我對曰：『無違。』」鄭玄曰：「孟孫不曉無違意，將問於樊遲，故告之。樊遲，弟子樊須也。」樊遲曰：「何謂也？」子曰：「生，事之以禮。死，葬之以禮，祭之以禮。」

○孟武伯問孝。子曰：「父母唯其疾之憂。」馬融曰：「武伯，懿子之子仲孫彘也。武，謚也。言孝子不妄爲非，唯疾病然後使父母憂耳也。」

○子游問孝。孔安國曰：「子游，弟子也。姓言，名偃也。」子曰：「今之孝者，是謂能養。至於犬馬，皆能有養，不敬，何以別乎？」苞氏曰：「犬以守禦，馬以代勞，能養人者。」一曰：「人之所養乃能至於犬馬，不敬則無以別。孟子曰：『養而弗愛，豕畜也。愛而弗敬，獸畜也。』」

○子夏問孝。子曰：「色難。色難，謂承望父母顔色乃爲難也。有事，弟子服其勞；有酒食，先生饌，馬融曰：「先生，謂父兄。饌，飲食也。」曾是以爲孝乎？」馬融曰：「孔子喻

❶「縱」，皇本、邢本作「從」。

子夏曰：服勞先食，汝謂此爲孝乎？未足爲孝也，承順父母顔色，乃爲孝耳也。」

○子曰：「吾與回言終日，不違，如愚。孔安國曰：「回，弟子也。姓顔，字子淵，魯人也。不違者，無所怪問。於孔子之言，默而識之，如愚也。」**退而省其私，亦足以發，回也不愚。」**孔安國曰：「察其退還與二三子説釋道義，發明大體，知其不愚也。」

○子曰：「視其所以，以，用也。言視所其行用也。**觀其所由，**由，經也。言觀其所經從也。**察其所安，人焉廋哉？人焉廋哉？」**孔安國曰：「廋，匿也。言觀人終始，安有所匿其情也。」

○子曰：「温故而知新，可以爲師矣。」温，尋也。尋繹故者又知新，可以爲師也。

○子曰：「君子不器。」苞氏曰：「器者各周其用，至於君子，無所不施也。」

○子貢問君子。子曰：「先行其言而後從之。」孔安國曰：「疾小人多言，而行不周也。」

○子曰：「君子周而不比。孔安國曰：「忠信爲周，阿黨爲比也。」**小人比而不周。」**

○子曰：「學而不思則罔，苞氏曰：「學而不尋思其義理，罔然無所得之也。」**思而不學則殆。」**不學而思，終卒不得，使人精神疲殆也。

○子曰：「攻乎異端，斯害也已矣。」攻，治。善道有統，故殊塗而同歸。異端不同歸也。

○子曰：「由，誨汝知之乎？孔安國曰：「由，弟子也。姓仲，名由，字子路也。」知之爲知之，不知爲不知，是知也。」

○子張學干禄。鄭玄曰：「子張，弟子。姓顓孫，名師，字子張。干，求也。禄，禄位也。」子曰：「多聞闕疑，慎言其餘，則寡尤。苞氏曰：「尤，過也。疑則闕之，其餘不疑，猶慎言之，則少過也。」多見闕殆，慎行其餘，則寡悔。苞氏曰：「殆，危也。所見危者，闕而不行，則少悔也。」言寡尤，行寡悔，禄在其中矣。」鄭玄曰：「言行如此，雖不得禄，得禄之道也。」

○哀公問曰：「何爲則民服？」苞氏曰：「哀公，魯君之謚也。」孔子對曰：「舉直錯諸枉，則民服。苞氏曰：「錯，置也。舉用正直之人，廢置邪枉之人，則民服其上也。」舉枉錯諸直，則民不服。」

○季康子問：「使民敬、忠以勸，如之何？」孔安國曰：「魯卿季孫肥也。康，謚也。」子曰：「臨之以莊，則敬。苞氏曰：「莊，嚴也。君臨民以嚴，則民敬其上也。」孝慈，則忠。苞氏曰：「君能上孝於親，下慈於民，則民忠也。」舉善而教不能，則民勸。」苞氏曰：「舉用善人，而教不能者，則民勸也。」

○或謂孔子曰：「子奚不爲政？」苞氏曰：「或人以爲居位乃是爲政也。」子曰：「《書》

云：『孝乎惟孝，友于兄弟，施於有政。』是亦爲政也，奚其爲爲政也？」苞氏曰：「孝乎惟孝，美孝之辭也。友于兄弟，善於兄弟。施，行也。所行有政道，即是與爲政同也。」

○子曰：「人而無信，不知其可也。孔安國曰：「言人而無信，其餘終無可也。」大車無輗，小車無軏，其何以行之哉？」苞氏曰：「大車，牛車也。輗者，轅端橫木，以縛枙者也。小車，四馬車也。軏者，轅端上曲拘衡者也。」

○子張問：「十世可知也？」孔安國曰：「文質禮變也。」子曰：「殷因於夏禮，所損益可知也。馬融曰：「所因，謂三綱五常也。所損益，謂文質三統也。」周因於殷禮，所損益可知也。其或繼周者，雖百世亦可知。」馬融曰：「物類相招，勢數相生，其變有常，故可豫知也。」

○子曰：「非其鬼而祭之，諂也。鄭玄曰：「人神曰鬼。非其祖孝而祭之，❶是諂以求福也。」見義不爲，無勇。」❷孔安國曰：「義者，所宜爲也。而不能爲，是無勇也。」

論語卷第一　經一千四百七十字，註一千五百一十三字。

---

❶「孝」，皇本、邢本作「考」。
❷「勇」下，皇本、邢本有「也」字。

論語八佾第三

何晏集解凡廿六章

○孔子謂季氏，「八佾舞於庭，是可忍也，孰不可忍也！」馬融曰：「孰，誰也。佾，列也。天子八佾，諸侯六，卿大夫四，士二。八人爲列，八八六十四人也。魯以周公故，受王者禮樂，有八佾之舞。今季桓子僭於其家廟舞之，故孔子譏之也。」

○三家者以《雍》徹。馬融曰：「三家者，謂仲孫、叔孫、季孫也。《雍》，《周頌·臣工》篇名也。天子祭於宗廟，歌之以徹祭。今三家亦作此樂者也。」子曰：「『相維辟公，天子穆穆』，奚取於三家之堂？」苞氏曰：「辟公，謂諸侯及二王之後也。穆穆，天子之容也。《雍》篇歌此者，有諸侯及二王之後來助祭故也。今三家但家臣而已，何取此義而作之於堂邪也？」

○子曰：「人而不仁，如禮何？人而不仁，如樂何？」苞氏曰：「言人而不仁，必不能行禮樂也。」

○林放問禮之本。鄭玄曰：「林放，魯人也。」子曰：「大哉問！禮與其奢也，寧儉；喪與其易也，寧戚。」苞氏曰：「易，和易也。言禮之本意失於奢，不如儉也；喪失於和易，不如哀戚也。」

○子曰：「夷狄之有君，不如諸夏之亡也。」苞氏曰：「諸夏，中國也。亡，無也。」

○季氏旅於泰山。子謂冉有曰：「汝不能救與？」馬融曰：「旅，祭名也。禮，諸侯祭山川在其封内者。今陪臣祭泰山，非禮也。冉有，弟子冉求也。時仕於季氏。救，猶止也。」對曰：「不能。」子曰：「嗚呼！曾謂泰山不如林放乎？」苞氏曰：「神不享非禮，林放尚知禮，泰山之神反不如林放邪？欲誣而祭之。」

○子曰：「君子無所爭，必也射乎？孔安國曰：「言於射而後有爭也。」揖讓而升下，而飲。王肅曰：「射於堂，升及下皆揖讓而相飲也。」其爭也君子。」馬融曰：「多筭飲少筭，君子之所爭也。」

○子夏問曰：「『巧笑倩兮，美目盻兮，❶素以爲絢兮。』何謂也？」馬融曰：「倩，笑貌。盻，❷動目貌也。絢，文貌也。此上二句在《衛風·碩人》二章，其下一句逸也。」子曰：「繪事後素。」鄭玄曰：「繪，畫文也。凡畫繪，先布衆色，然後以素分其間以成其文，喻美女雖有倩盼

---

❶「盻」，皇本、邢本作「盼」，是。後鄭玄注亦作「盼」。

❷「盻」，皇本、邢本作「盼」，是。

美質，亦須禮以成之也。」曰：「禮後乎？」孔安國曰：「孔子言繪事後素，子夏聞而解知以素喻禮，故曰禮後乎。」子曰：「起予者商也！始可與言《詩》已矣。」苞氏曰：「予，我也。孔子言子夏能發明我意，可與共言《詩》已矣。」

〇子曰：「夏禮吾能言之，杞不足徵；❶殷禮吾能言之，宋不足徵也。苞氏曰：「徵，成也。杞、宋，二國名也，夏、殷之後也。夏、殷之禮，吾能說之，杞、宋之君不足以成之也。」文獻不足故也，足則吾能徵之矣。」鄭玄曰：「獻，猶賢也。我能不以其禮成之者，以此二國之君文章賢才不足故也。」

〇子曰：「禘自既灌而往者，吾不欲觀之矣。」孔安國曰：「禘、祫之禮，爲序昭穆也。故毀廟之主及群廟之主皆合食於太祖。灌者，酌鬱鬯灌於太祖以降神也。既灌之後，别尊卑，序昭穆，而魯逆祀，躋僖公，亂昭穆，故不欲觀之矣。」

〇或問禘之說。子曰：「不知也。孔安國曰：「答以不知者，爲魯君諱也。」知其說者之於天下也，其如示諸斯乎？」指其掌。苞氏曰：「孔子謂或人，言知禘禮之說者，於天下之事，如指示以掌中之物，言其易了也。」

❶ 「徵」下，皇本、邢本有「也」字。

○**祭如在，**孔安國曰：「言事死如事生也。」**祭神如神在。**孔安國曰：「謂祭百神也。」**子曰：「吾不與祭，如不祭。」**苞氏曰：「孔子或出或病，而不自親祭，使攝者爲之，不致敬於心，與不祭同也。」

○**王孫賈問曰：「與其媚於奧，寧媚於竈，何謂也？」**孔安國曰：「王孫賈，衛大夫也。奧，内也。以喻近臣也。竈，以喻執政也。賈者，執政者也。欲使孔子求昵之，故微以世俗之言感動之。」**子曰：「不然，獲罪於天，無所禱也。」**孔安國曰：「天以喻君。孔子距之曰：如獲罪於天，無所禱於衆神也。」

○**子曰：「周監於二代，郁郁乎文哉！吾從周。」**孔安國曰：「監，視也。言周文章備於二代，當從周也。」

○**子入太廟，**苞氏曰：「太廟，周公廟也。孔子仕魯，魯祭周公而助祭也。」**每事問。或曰：「孰謂鄹人之子知禮乎？入太廟，每事問。」**孔安國曰：「鄹，孔子父叔梁紇所治邑也。時人多言孔子知禮，或人以爲知禮者不當復問也。」**子聞之，曰：「是禮也。」**孔安國曰：「雖知之，當復問，慎之至也。」

○**子曰：「射不主皮，**馬融曰：「射有五善焉，一曰和志，體和也。二曰和容，有容儀也。三曰主皮，能中質也。四曰和頌，合《雅》《頌》也。五曰興儛，與舞同也。天子有三侯，以熊虎豹皮爲之。言射者不但以中皮爲善，亦兼取和容也。」爲力不同科，古之道也。」馬融曰：「爲力，爲力役之事也。亦有上中下，設三科焉，故曰不同科之也。」

○子貢欲去告朔之餼羊。鄭玄曰：「牲生曰餼。禮，人君每月告朔，於廟有祭，謂之朝享也。魯自文公始不視朔。子貢見其禮廢，故欲去其羊也。」子曰：「賜也，汝愛其羊，我愛其禮。」苞氏曰：「羊在，猶所以識其禮也；羊亡，禮遂廢也。」

○子曰：「事君盡禮，人以爲諂。」孔安國曰：「時事君者多無禮。故以有禮者爲諂也。」

○定公問：「君使臣，臣事君，如之何？」孔安國曰：「定公，魯君謚也。時臣失禮，定公患之，故問也。」孔子對曰：「君使臣以禮，臣事君以忠。」

○子曰：「《關雎》樂而不淫，哀而不傷。」孔安國曰：「樂而不至淫，哀而不至傷，言其和也。」

○哀公問社於宰我。宰我對曰：「夏后氏以松，殷人以柏，周人以栗，曰使民戰栗也。」孔安國曰：「凡建邦立社，各以其土所宜之木。宰我不本其意，妄爲之説，因周用栗，便云使民戰栗之也。」子聞之，曰：「成事不説，苞氏曰：「事已成，不可復解説也。」遂事不諫，苞氏曰：「事已遂，不可復諫止也。」既往不咎。」苞氏曰：「事已往，不可復追非咎也。孔子非宰我，故歷言三者，欲使慎其後也。」

○子曰：「管仲之器小哉！」言其器量小也。**或曰：「管仲儉乎？」**苞氏曰：「或人見孔子小之，以爲謂之太儉也。」**曰：「管氏有三歸，官事不攝，焉得儉乎？」**苞氏曰：「三歸，娶三姓女也。婦人謂嫁爲歸。攝，猶兼也。禮，國君事大，官各有人，大夫并兼。今管仲家臣備職，非爲儉也。」**曰：「然則管仲知禮乎？」**苞氏曰：「或人以儉問，故答以安得儉。或人聞不儉，更謂爲得禮也。」**曰：「邦君樹塞門，管氏亦樹塞門。邦君爲兩君之好，有反坫，管氏亦有反坫。**鄭玄曰：「反坫，反爵之坫也，在兩楹之間。人君有別外內，於門樹屏以蔽之也。君與鄰國君爲好會，其獻酢之禮更酌，酌畢則各反爵於坫上，今管仲皆僭爲之，如是，是不知禮也。」**管氏而知禮，孰不知禮？」**

○子語魯大師樂，❶**曰：「樂其可知已也，始作，翕如也。**大師，樂官名也。五音始奏。❷翕如，盛也。**從之，純如也，**從讀曰縱，言五音既發，放縱盡其聲。純純，❸和諧也。**皦如也，**言其音節明也。**繹如也，以成。」**縱之以純如、皦如、繹如，言樂始於翕如，而成於三也。

---

❶「大」，原作「太」，據注文、皇本、邢本改。
❷「五」上，皇本有「言」字。
❸「純純」，皇本作「純純如」。《史記·孔子世家集解》引作「純如」，當從。

○儀封人請見。鄭玄曰：「儀，蓋衛邑也。封人，官名也。」曰：「君子之至於斯者，吾未嘗不得見也。」從者見之。苞氏曰：「從者，弟子隨孔子行者也。通使得見也。」出曰：「二三子何患於喪乎？天下之無道久矣，孔安國曰：「語諸弟子，言何患於夫子聖德之將喪亡邪？天下之無道已久矣，極衰必有盛也。」天將以夫子爲木鐸。」孔安國曰：「木鐸，施政教之時所振也。言天將命孔子制法度，以號令於天下也。」

○子謂《韶》，「盡美矣，又盡善也」。孔安國曰：「《韶》，舜樂也。謂以聖德受禪，故曰盡善也。」謂《武》，「盡美矣，未盡善也」。孔安國曰：「《武》，武王樂也。以征伐取天下，故曰未盡善也。」

○子曰：「居上不寬，爲禮不敬，臨喪不哀，吾何以觀之哉！」

論語里仁第四

何晏集解凡廿六章

○子曰：「里仁爲善，❶鄭玄曰：「里者，民之所居也。居於仁者之里，是爲善也。」擇不處

❶ 「善」，皇本、邢本作「美」。

仁，焉得智？」鄭玄曰：「求善居而不處仁者之里，不得爲有智也。」

○子曰：「不仁者不可以久處約，孔安國曰：「久困則爲非也。」**不可以長處樂。**孔安國曰：「必驕佚也。」**仁者安仁，**苞氏曰：「唯性仁者自然體之，故謂安仁也。」**智者利仁。」**王肅曰：「知仁爲美，故利行之也。」

○子曰：「唯仁者能好人，能惡人。」孔安國曰：「唯仁者能審人好惡也。」

○子曰：「苟志於仁矣，無惡。」❶孔安國曰：「苟，誠也。言誠能志於仁者，則其餘無惡也。」

○子曰：「富與貴是人之所欲也，不以其道得之，不處也。孔安國曰：「不以其道得富貴，不處也。」**貧與賤是人之所惡，**❷**不以其道得之，不去。**❸時有否泰，故君子履道而反貧賤，此則不以其道而得之者也。雖是人之所惡，不可違而去也。**君子去仁，惡乎成名？**孔安國曰：「惡乎成名者，不得成名爲君子也。」**君子無終食之間違仁，造次必於是，顛沛必於**

---

❶「惡」下，皇本、邢本有「也」字。

❷「惡」下，皇本、邢本有「也」字。

❸「去」下，皇本、邢本有「也」字。

是。」馬融曰：「造次，急遽也。顛沛，僵仆也。雖急遽僵仆不違於仁也。」

○子曰：「我未見好仁者，惡不仁者。好仁者，無以尚之。孔安國曰：「難復加也。」惡不仁者，其爲仁矣，不使不仁者加乎其身。孔安國曰：「言惡不仁者能使不仁者不加非義於己，不如好仁者無以加尚爲之優也。」❶ 有能一日用其力於仁矣乎？我未見力不足者也。孔安國曰：「言人無能一日用其力脩仁者耳，我未見欲爲仁而力不足者也。」蓋有之乎？我未之見也。」孔安國曰：「謙不欲盡誣時人，言不能爲仁，故云爲能有耳，其我未見也。」

○子曰：「民之過也，各於其黨。觀過，斯知仁矣。」孔安國曰：「黨，黨類也。小人不能爲君子之行，非小人之過也，當恕而勿責之。觀過，使賢愚各當其所，則爲仁之也。」❷

○子曰：「朝聞道，夕死可矣。」言將至死不聞世之有道也。

○子曰：「士志於道，而恥惡衣惡食者，未足與議也。」

○子曰：「君子之於天下也，無適也，無莫也，義之與比也。」言君子於天下，無適，無莫，無所貪慕也，唯義之所在也。

---

❶「無以加尚爲之優也」，皇本「爲之」二字倒乙，邢本同皇本，且無「加」「也」二字。

❷「之」，皇本、邢本無此字。

○子曰：「君子懷德，孔安國曰：「懷，安也。」小人懷土。孔安國曰：「重遷也。」君子懷刑，孔安國曰：「安於法也。」小人懷惠。」苞氏曰：「惠，恩惠也。」

○子曰：「放於利而行，孔安國曰：「放，依也。每事依利而行也。」多怨。」孔安國曰：「取怨之道也。」

○子曰：「能以禮讓爲國乎？何有？何有者，言不難之也。不能以禮讓爲國，如禮何？」苞氏曰：「如禮何者，言不能用禮也。」

○子曰：「不患無位，患所以立。不患莫己知也，求爲可知也。」苞氏曰：「求善道而學行之，則人知己也。」

○子曰：「參乎！吾道一以貫之哉。」曾子曰：「唯。」孔安國曰：「直曉不問，故答曰唯也。」子出，門人問曰：「何謂也？」曾子曰：「夫子之道，忠恕而已矣。」

○子曰：「君子喻於義，小人喻於利。」孔安國曰：「喻，猶曉也。」

○子曰：「見賢思齊焉，苞氏曰：「思與賢者等也。」見不賢者而內自省也。」

○子曰：「事父母幾諫，苞氏曰：「幾，微也。當微諫納善言於父母也。」見志不從，又敬不違，勞不怨。」❶苞氏曰：「見志者，見父母志有不從己諫之色，則又當恭敬，不敢違父母意而遂己諫也。」

○子曰：「父母在，子不遠遊，❷遊必有方。」鄭玄曰：「方，猶常也。」

○子曰：「三年無改於父之道，可謂孝矣。」鄭玄曰：「孝子在喪，哀慼思慕，無改其父之道，非心所忍爲也。」

○子曰：「父母之年，不可不知也，一則以喜，一則以懼。」孔安國曰：「見其壽考則喜，見其衰老則懼之也。」

○子曰：「古者言之不出也，恥躬之不逮也。」苞氏曰：「古之人言不妄出口者，爲恥其身行之將不及也。」

○子曰：「以約失之者鮮矣。」孔安國曰：「俱不得中也。奢則驕，溢則招禍，儉約則無憂患也。」

○子曰：「君子欲訥於言而敏於行。」苞氏曰：「訥，遲鈍也。言欲遲鈍而行欲敏也。」

---

❶「勞」下，皇本、邢本有「而」字。

❷「子」，邢本無此字。

〇子曰：「德不孤，必有鄰。」方以類聚，同志相求，故必有鄰也。是以不孤也。

〇子游曰：「事君數，斯辱矣。朋友數，斯疏矣。」數，謂速數之數也。

論語卷第二 經一千二百一十二字，註一千九百三十一字。

論語公冶長第五

何晏集解凡廿九章❶

○子謂公冶長，「可妻也，雖在縲紲之中，非其罪也」。以其子妻之。孔安國曰：「公冶長，弟子，魯人也，姓公冶，名長也。縲，黑索；紲，攣也，所以拘於罪人也。」

○子謂南容，「邦有道，不廢；邦無道，免於刑戮」。以其兄之子妻之。王肅曰：「南容，弟子南宮縚也，魯人也，字子容。不廢，言見任用也。」

○子謂子賤，「君子哉若人！魯無君子者，斯焉取斯」。孔安國曰：「子賤，魯人，弟子密不齊也。」苞氏曰：「若人，若此人也。如魯無君子，子賤安得此行而學行之？」

○子貢問曰：「賜也如何？」子曰：「汝，器也。」孔安國曰：「言汝器用之人也。」曰：

❶「凡廿九章」，篇内實分廿八章。「宰予晝寢」章中重言兩「子曰」。「始吾於人也」以下云云不另分爲一章。皇侃注疏本無「論語集解凡廿九章」云云，篇内亦分廿八章。邢昺注疏本同皇本。劉寶楠《論語正義》底本據邢注本，然其有「集解凡二十九章」云云，篇内卻不將「宰予晝寢」章中「子曰始吾於人也」以下云云另分爲一章，並云：「皇邢疏連上爲一章，與總章數不合。」

「何器也？」曰：「瑚璉也。」苞氏曰：「瑚璉者，黍稷之器也。夏曰瑚，殷曰璉，周曰簠簋，宗廟器之貴者也。」

○或曰：「雍也仁而不佞。」馬融曰：「雍，弟子仲弓名也，姓冉也。」子曰：「焉用佞也？禦人以給，❶屢憎民，❷不知其仁也，焉用佞也？」孔安國曰：「屢，數也。佞人口辭捷給，數爲民之所憎之也。」❸

○子使漆彫開仕。對曰：「吾斯之未能信。」孔安國曰：「開，弟子也。漆彫，姓也，開，名也。仕進之道未能信者，未能究習也。」子説。鄭玄曰：「喜其志道之深也。」

○子曰：「道不行，乘桴浮於海，從我者其由也與？」馬融曰：「桴，編竹木也，大者曰筏，小者曰桴。」子路聞之喜。孔安國曰：「喜與己俱行矣。」子曰：「由也，好勇過我，無所取材。」鄭玄曰：「子路信夫子欲行，故言好勇過我也。無所取材者，言無所取桴材也。以子路不解微言，故戲之耳也。」一曰：「子路聞孔子欲浮海便喜，不復顧望，故孔子歎其勇曰過我。無所復

❶ 「以」下，皇本、邢本有「口」字，是。
❷ 「憎民」，皇本、邢本作「憎於人」。
❸ 「數爲民之所憎之也」，皇本作「數爲人所憎也」，邢本作「數爲人所憎惡」。

取哉，❶言唯取於己也。古材、哉同。」❷

○孟武伯問：「子路仁乎？」子曰：「不知也。」孔安國曰：「仁道至大，不可全名也。」又問。子曰：「由也，千乘之國，可使治其賦也。孔安國曰：「賦，兵賦也。」不知其仁也。」「求也何如？」子曰：「求也，千室之邑，百乘之家，可使爲之宰也。孔安國曰：「千室之邑，卿大夫之邑也。卿大夫稱家。諸侯千乘，卿大夫故曰百乘也。宰，家臣也。」不知其仁也。」「赤也何如？」子曰：「赤也，束帶立於朝，可使與賓客言也。馬融曰：「赤，弟子公西華也。有容儀，可使爲行人之也。」❸不知其仁也。」

○子謂子貢曰：「女與回也孰愈？」孔安國曰：「愈，猶勝也。」對曰：「賜也何敢望回？回也聞一以知十，賜也聞一以知二。」子曰：「弗如也，吾與女弗如也。」苞氏曰：「既然子貢弗如，復云吾與女俱不如者，蓋欲以慰子貢心也。」

○宰予晝寢。苞氏曰：「宰予，弟子宰我也。」子曰：「朽木不可彫也，苞氏曰：「朽，腐

---

❶「無所復取哉」，皇本同，邢本作「無所取材者」。

❷「古」下，皇本、邢本有「字」字。

❸「之」，皇本、邢本無此字。

也。彫，彫琢刻畫也。」糞土之牆不可杇也。王肅曰：「杇，槾也。二者喻雖施功猶不成也。」於予與何誅？」孔安國曰：「誅，責也。今我當何責於汝乎？深責之辭也。」子曰：「始吾於人也，聽其言而信其行，今吾於人也，聽其言而觀其行。於予與改是。」孔安國曰：「改是，始聽言信行，今更察言觀行，發於宰我之晝寢也。」

○子曰：「吾未見剛者。」或對曰：「申棖。」苞氏曰：「申棖，魯人也。」子曰：「棖也慾，焉得剛？」孔安國曰：「慾，多情慾之也。」❶

○子貢曰：「我不欲人之加諸我也，吾亦欲無加諸人也。」馬融曰：「加，凌也。」子曰：「賜也，非爾所及也。」孔安國曰：「言不能止人使不加非義於己之也。」❷

○子貢曰：「夫子之文章，可得而聞也。章，明也。文彩形質著見，可得以耳目脩也。❸夫子之言性與天道，不可得而聞也已矣。」性者，人之所受以生也。天道者，元亨日新之道也。深微，故不可得而聞也。

---

❶「之也」，皇本無「之」字，邢本無此二字。

❷「之也」，皇本無「之」字，邢本無此二字。

❸「目」下，皇本有「自」字。「脩也」，邢本作「循」。

○子路有聞，未能行，唯恐有聞。孔安國曰：「前所聞未及得行，故恐後有聞不得並行也。」

○子貢問曰：「孔文子何以謂之文也？」孔安國曰：「孔文子，衛大夫孔叔圉也，文，謚也。」子曰：「敏而好學，不恥下問，是以謂之文也。」孔安國曰：「敏者，識之疾也。下問，問凡在己下者也。」

○子謂子産，「有君子之道四焉：孔安國曰：「子産，鄭大夫公孫僑也。」其行己也恭，其事上也敬，其養民也惠，其使民也義」。

○子曰：「晏平仲善與人交，久而人敬之。」周生烈曰：「齊大夫。晏，姓也。平，謚也。名嬰也。」

○子曰：「臧文仲居蔡，苞氏曰：「臧文仲，魯大夫臧孫辰也，文，謚也。蔡，國君之守龜也。出蔡地，因以爲名焉。長尺有二寸。居蔡，僭也。」山節藻梲，苞氏曰：「節者，栭也，刻鏤爲山也。梲者，梁上之楹，畫爲藻文也。言其奢侈也。」何如其知也？」孔安國曰：「非時人謂以爲知之。」❶

○子張問曰：「令尹子文孔安國曰：「令尹子文，楚大夫，姓鬭，名穀，於菟也。」❷三仕

---

❶「知之」，皇本作「智也」（正文「知」亦作「智」），邢本無「之」字。

❷「於菟」上，皇本、邢本有「字」字，是。

爲令尹，無喜色。三已之，無愠色。舊令尹之政，必以告新令尹，何如也？」子曰：「忠矣。」曰：「仁矣乎？」曰：「未知，焉得仁？」孔安國曰：「但聞其忠事，未知其仁也。」「崔子弑齊君，陳文子有馬十乘，棄而違之。孔安國曰：「皆齊大夫也。崔杼作亂，陳文子惡之，捐四十匹馬，違而去之。」至於他邦，則又曰：『猶吾大夫崔子也。』違之。至一邦，則又曰：『猶吾大夫崔子也。』違之。何如？」子曰：「清矣。」曰：「仁矣乎？」曰：「未知，焉得仁？」孔安國曰：「文子避惡，逆無道，求有道。當春秋時，臣凌其君，皆如崔子，無有可者也。」

○季文子三思而後行。子聞之，曰：「再思斯可矣。」❶鄭玄曰：「季文子，魯大夫季孫行父也，文，謚也。文子忠而有賢行，其舉事寡過，不必及三思之也。」❷

○子曰：「甯武子，馬融曰：「衛大夫甯喻也。❸武，謚也。」邦有道則知，邦無道則愚。其知可及也，其愚不可及也。」孔安國曰：「詐愚似實，❹故曰不可及也。」

---

❶「思」，皇本同，邢本無此字。

❷「之也」，皇本無「之」字。邢本無此二字。

❸「喻」，皇本、邢本作「俞」。

❹「詐」，皇本作「詳」，邢本作「佯」。「詳」與「佯」通。

○子在陳曰：「歸與！歸與！吾黨之小子狂簡，斐然成章，不知所以裁之也。」孔安國曰：「簡，大也。孔子在陳，思歸欲去，曰：『吾黨之小子，狂者進取於大道，❶妄穿鑿以成文章，不知所以裁制，我當歸以裁制之耳。』遂歸也。」

○子曰：「伯夷、叔齊不念舊惡，怨是用希。」孔安國曰：「伯夷、叔齊，孤竹君之二子也。孤竹，國名也。」

○子曰：「孰謂微生高直，孔安國曰：「微生，姓也，名高，魯人也。」或乞醯焉，乞諸其鄰而與之。」孔安國曰：「乞之四鄰，以應求者，用意委曲，非爲直人也。」

○子曰：「巧言、令色、足恭，孔安國曰：「足恭，便僻之貌也。」左丘明恥之，丘亦恥之。孔安國曰：「左丘明，魯大夫也。」匿怨而友其人，孔安國曰：「心内相怨而外詐親也。」左丘明恥之，丘亦恥之。」

○顏淵、季路侍。子曰：「盍各曰爾志？」❷子路曰：「願車馬衣輕裘與朋友共敝

---

❶「取」，皇本作「趨」。

❷「曰」，皇本、邢本作「言」。

之而無憾。」❶孔安國曰：「憾，恨也。」顔淵曰：「願無伐善，孔安國曰：「自無稱己之善也。」無施勞。」孔安國曰：「無以勞事置施於人也。」子路曰：「願聞子之志。」子曰：「老者安之，朋友信之，少者懷之。」

○子曰：「已矣乎！吾未見能見其過而内自訟者也。」苞氏曰：「訟，猶責也。言人有過莫能自責也。」

○子曰：「十室之邑，必有忠信如丘者焉，不如丘之好學者也。」❷

論語雍也第六

何晏集解凡卅章

○子曰：「雍也可使南面也。」苞氏曰：「可使南面者，言任諸侯，❸可使治國也。」

---

❶「衣」，皇本、邢本同。當爲衍文。

❷「者」，皇本、邢本無此字。

❸「言任」至「國也」，皇疏「國」下有「政」字，邢疏作「言任諸侯治」。

○仲弓問子桑伯子。王肅曰：「伯子，書傳無見焉。」子曰：「可也簡。」以其能簡，❶故曰可也。仲弓曰：「居敬而行簡，以臨其民，不亦可乎？孔安國曰：「居身敬肅，臨下寬略，則可也。」居簡而行簡，無乃太簡乎。」苞氏曰：「伯子之簡，大簡也。」子曰：「雍之言然。」

○哀公問曰：「弟子孰爲好學？」孔子對曰：「有顔回者好學，不遷怒，不貳過，不幸短命死矣。今也則亡，未聞好學者也。」凡人任情，喜怒違理。顔淵任道，怒不過分。遷者，移也。怒當其理，不移易也。不貳過者，有不善，未嘗復行也。

○子華使於齊，冉子爲其母請粟。子曰：「與之釜。」馬融曰：「子華，弟子公西華。赤，❷字也。六斗四升曰釜也。」請益。曰：「與之庾。」苞氏曰：「十六斗爲庾也。」冉子與之粟五秉。馬融曰：「十六斛曰秉，五秉合八十斛也。」子曰：「赤之適齊也，乘肥馬，衣輕裘。吾聞之也，君子周急不繼富。」鄭玄曰：「非冉有與之太多也。」

○原思爲之宰，苞氏曰：「弟子原憲也，思，字也。孔子爲魯司寇，以原憲爲家邑宰也。」與

❶「以其」上，邢本有「孔曰」二字。

❷「赤字也」，邢本作「赤之字」。

之粟九百，辭。孔安國曰：「九百，九百斗也。辭，讓不受也。」**子曰：「毋，**孔安國曰：「禄法所當受，毋以讓也。」**以與爾鄰里鄉黨乎！」**鄭玄曰：「五家爲鄰，五鄰爲里，萬二千五百家爲鄉，五百家爲黨也。」

○子謂仲弓曰：「犂牛之子騂且角，雖欲勿用，山川其舍諸？」犂，雜文也。騂，赤色。角者，角周正，中犧牲也。雖欲以其所生犂而不用，山川寧肯舍之乎？言父雖不善，不害於其子之美也。❶

○子曰：「回也其心三月不違仁，其餘則日月至焉而已矣。」言餘人暫有至仁時，唯回移時而不變也。

○季康子問：「仲由可使從政也與？」子曰：「由也果，苞氏曰：「果謂果敢決斷也。」**於從政乎何有？」曰：「賜也可使從政也與？」子曰：「賜也達，**孔安國曰：「達謂通於物理也。」**於從政乎何有？」曰：「求也可使從政也與？」子曰：「求也藝，**孔安國曰：「藝曰多才能也。」❷**於從政乎何有？」**

❶「不害於其子之美也」，邢本無「其」字及「也」字。

❷「藝曰多才能也」，皇本「曰」作「謂」，邢本「能」作「藝」，且無「也」字。

〇季氏使閔子騫爲費宰。孔安國曰：「費，季氏邑也。季氏不臣，而其邑宰叛，❶聞閔子騫賢，故欲用之也。」**閔子騫曰：「善爲我辭焉。**孔安國曰：「不欲爲季氏宰，語使者曰：❷『善爲我作辭，説令不復召我之也。』」❸**如有復我者，**孔安國曰：「復我者，重來召我也。」**則吾必在汶上矣。」**孔安國曰：「去之汶水上，欲北如齊也。」

〇伯牛有疾，馬融曰：「伯牛，弟子冉耕也。」**子問之，自牖執其手。**苞氏曰：「有惡疾，❹不欲見人，故孔子從牖執其手也。」**曰：「亡之，**孔安國曰：「亡，喪也。疾甚，故持其手曰喪之也。」❺**命矣夫！斯人也而有斯疾也！斯人也而有斯疾也！」**苞氏曰：「再言之者，痛惜之甚也。」

〇子曰：「賢哉，回也！一簞食，一瓢飲，孔安國曰：「簞，❻笥；瓢，瓠也。」**在陋巷，**

---

❶「叛」上，皇本、邢本有「數」字。

❷「語使」至「作辭」，邢本作「託使者善爲我辭焉」。

❸「之也」，皇本無「之」字，邢本無此二字。

❹「有」上，皇本、邢本有「牛」字。

❺「之也」，皇本無「之」字，邢本無此二字。

❻「簞笥」至「瓠也」，皇本「笥」下有「也」字；邢本同，且無末三字。

人不堪其憂，回也不改其樂。賢哉，回也！」孔安國曰：「顔淵樂道。雖簞食，在陋巷，不改其所樂也。」

○冉有曰：「非不説子之道也，力不足也。」子曰：「力不足者，中道而廢，今女畫。」孔安國曰：「畫，止也。力不足者，當中道而廢，今女自止耳，非力極之也。」❶

○子謂子夏曰：「爲君子儒，❷**毋爲小人儒。」**君子爲儒，❸將以明道；小人爲儒，則矜其名也。

○子游爲武城宰。苞氏曰：「武城，魯下邑也。」**子曰：「女得人焉耳乎哉？」**❹孔安國曰：「焉、耳、乎、哉，皆辭也。」**曰：「有澹臺滅明者，行不由徑，非公事，未嘗至於偃之室也。」**苞氏曰：「澹臺，姓。滅明，名也。字子羽。言其公且方也。」

○子曰：「孟之反不伐，孔安國曰：「魯大夫孟之側也。與齊戰，軍大敗。不伐者，不自伐

---

❶「之也」，皇本無「之」字，邢本無此二字。

❷「爲」上，皇本有「汝」字，邢本有「女」字。

❸「君子」至「名也」，皇本上有「馬融曰」，「明」下有「其」字。

❹「哉」，邢本無此字。

其功也。」奔而殿。將入門，策其馬，曰：『非敢後也，馬不進也。』」馬融曰：「殿，在軍後者也。前曰啓，後曰殿。孟之反賢而有勇，軍大奔，猶爲殿。❶人迎，功之，❷不欲獨有其名，故曰：『我非敢在後距敵也，馬不能進也。』」

○子曰：「不有祝鮀之佞，而有宋朝之美，難乎免於今之世矣。」孔安國曰：「佞，口才也。祝鮀，衛大夫，名子魚也，時世貴之。宋朝，宋國之美人也，而善淫。言當如祝鮀佞，❸而反如宋朝之美，❹難矣免於今世之害也。」

○子曰：「誰能出不由户者？❺何莫由斯道也？」言人立身成功當由道，❻譬猶人出人，❼要當從户也。

○子曰：「質勝文則野，苞氏曰：「野，如野人，言鄙略也。」文勝質則史，苞氏曰：「史

---

❶「猶」，皇本、邢本作「獨」。

❷「功」上，皇本有「爲」字。

❸「佞」上，皇本、邢本有「之」字。

❹「反」，皇本作「及」。《釋文》出「及如」，云：「一本『及』字作『反』，義亦通。」

❺「者」，邢本無此字。

❻「言」上，皇本有「孔安國曰」，邢本有「孔曰」。「人」下，皇本有「之」字。

❼「人」，邢本無此字。

者，文多而質少也。」**文質彬彬，然後君子。」**苞氏曰：「彬彬，文質相半之貌也。」

○子曰：「人之生也直，馬融曰：「言人之所以生於世而自終者，以其正直之道也。」❶**罔之生也幸而免。」**苞氏曰：「誣罔正直之道而亦生，❷是幸而免也。」

○子曰：「知者不如好之者，❸**好之者不如樂之者。」**苞氏曰：「學問，知之者不如好之者篤，好之者又不如樂之者深也。」❹

○子曰：「中人以上，可以語上也。中人以下，不可以語上也。」王肅曰：「上，謂上知之所知也。❺兩舉中人，以其可上可下也。」

○樊遲問知。子曰：「務民之義，王肅曰：「務所以化導民之義也。」**敬鬼神而遠之，可謂知矣。」**苞氏曰：「敬鬼神而不瀆也。」**問仁。子曰：「仁者先難而後穫，可謂仁矣。」**孔

---

❶「之道」，邢本無此二字。
❷「生」下，邢本有「者」字。
❸「知」下，皇本、邢本有「之」字，是。
❹「又」、「也」，邢本無此二字。
❺「知之」，皇本作「智之人」。

安國曰：「先勞苦乃得功，❶此所以爲仁也。」

○**子曰：「知者樂水，**苞氏曰：「知者樂運其才知以治世，如水流而不知已之也。」❷**仁者樂山。**仁者樂如山之安固，自然不動而万物生焉也。**知者動，**苞氏曰：「自進，❸故動也。」**仁者靜。**孔安國曰：「無欲，故靜也。」**知者樂，**鄭玄曰：「知者自役得其志，故樂之也。」**仁者壽。」**苞氏曰：「性靜，故壽考也。」

○**子曰：「齊一變，至於魯；魯一變，至於道。」**苞氏曰：「言齊魯有太公周公之餘化也。太公大賢，周公聖人也。今其政教雖衰，若有明君興之者，齊可使如魯，魯可使如大道行之時之也。」❹

○**子曰：「觚不觚，**馬融曰：「觚，禮器也。一升曰爵，二升曰觚也。」**觚哉！觚哉！」**觚哉觚哉，言非觚也，以喻爲政而不得其道則不成也。❺

---

❶「乃」，邢本作「而後」。
❷「之也」，皇本無「之」字，邢本無此二字。
❸「自」，邢本作「日」。
❹「之也」，皇本無「之」字，邢本無此二字。
❺「而」，皇本、邢本無此字。

○宰我問曰：「仁者雖告之曰：『井有仁者焉。』其從之也？」孔安國曰：「宰我以爲仁者必濟人於患難，故問有仁人墮井，將自投下而出之乎？❶否乎？欲極觀仁人憂樂之所至也。」**子曰：「何爲其然也？君子可逝也，不可陷也。**苞氏曰：「逝，往也。言君子可使往視之耳，不肯自投從之也。」❷**可欺也，不可罔也。」**馬融曰：「可欺者，可使往也。不可罔者，不可得誣罔令自投下也。」

○子曰：「君子博學於文，約之以禮，亦可以弗畔矣夫。」鄭玄曰：「弗畔，不違道也。」

○子見南子，子路不說。夫子矢之曰：「予所否者，天厭之！天厭之！」孔安國曰：「等以爲南子者，❸衛靈公夫人也。淫亂而靈公惑之。孔子見之者，欲因以說靈公，使行治道也。矢，誓也。子路不說，故夫子誓之曰。❹行道既非婦人之事，而弟子不說，與之咒誓，義可疑也。」

---

❶「之乎」，皇本、邢本無此二字。
❷「從」，皇本作「救」。
❸「等」，邢本作「舊」。
❹「曰」，邢本無此字。

○子曰：「中庸之爲德也，其至矣乎？民鮮久矣。」庸，常也。中和可常行之德也。世亂，先王之道廢，民鮮能行此道久矣。非適今也。

○子貢曰：「如能博施於民而能濟衆者，❶何如？可謂仁乎？」子曰：「何事於仁！必也聖乎！堯舜其猶病諸。孔安國曰：「若能廣施恩惠，❷濟民於患難，堯舜至聖，猶病其難也。」夫仁者，己欲立而立人，己欲達而達人，能近取譬，可謂仁之方也已。」孔安國曰：「更爲子貢説仁者之行也。方，道也。但能近取譬於己，皆恕己所不欲而勿施於人之也。」❸

論語卷第三經一千七百一十一字，註二千八百二十字。

---

❶ 上「能」字，邢本作「有」。「者」，邢本無此字。

❷ 「若」，邢本作「君」。

❸ 「之也」，皇本無「之」字，邢本無此二字，「施」下有「之」字。

論語述而第七

何晏集解舊卅九章，今卅八章

○子曰：「述而不作，信而好古，竊比於我老彭。」苞氏曰：「老彭，殷賢大夫也。好述古事。我若老彭矣，但述之耳也。」❶

○子曰：「默而識之，學而不厭，誨人不倦，何有於我哉？」鄭玄曰：「人無有是行。❷於我，我獨有之也。」

○子曰：「德之不脩也，學之不講也，聞義不能從也，❸不善不能改也，是吾憂也。」孔安國曰：「夫子常以此四者爲憂也。」

○子之燕居，申申如也，夭夭如也。馬融曰：「申申、夭夭，和舒之貌也。」

○子曰：「甚矣，吾衰也！久矣，吾不復夢見周公也。」孔安國曰：「孔子衰老，不復

❶「但」，皇本作「祖」。「也」，皇本、邢本無此字。

❷「人無有是行」，邢本作「無是行」。

❸「從」，邢本作「徙」。

夢見周公也。明盛時夢見周公，欲行其道也。」

○子曰：「志於道，志，慕也。道不可體，故志之而已矣也。❶據於德，據，杖也。德有成形，故可據也。依於仁，依，倚也。仁者功施於人，故可倚之也。遊於藝。」藝，六藝也。不足據依，故曰遊也。

○子曰：「自行束脩以上，吾未嘗無誨焉。」孔安國曰：「言人能奉禮，自行束脩以上，則皆教誨之也。」

○子曰：「不憤不啓，不悱不發。舉一隅而示之，❷不以三隅反，則吾不復。」❸鄭玄曰：「孔子與人言，必待其人心憤憤，口悱悱，乃後啓發爲之説也。❹如此則識思之深也。説則舉一隅以語之，其人不思其類，則不復重教之也。」

---

❶「矣也」，皇本、邢本無此二字。

❷「而示之」，皇本同，邢本無此三字。阮校：「案《文選·西京賦》注引有此三字。又晁公武《蜀石經考異》云『舉一隅』下有『而示之』三字，與李鶚本不同。」據此則古本當有此三字。

❸「則吾不復」，皇本「復」下有「也」字，邢本作「則不復也」。

❹「爲之説也」，邢本作「爲説之」。

○子食於有喪者之側，未嘗飽也。子於是日也哭則不歌。❶喪者哀戚，飽食於其側，是無惻隱之心之也。❷

○子謂顔淵曰：「用之則行，舍之則藏，唯我與爾有是夫。」孔安國曰：「言可行則行，可止則止，唯我與顔淵同耳也。」❸

○子路曰：❹「子行三軍則誰與？」孔安國曰：「大國三軍。子路見孔子獨美顔淵，以爲己有勇，❺至於夫子爲三軍將，亦當唯有與己俱，❻故發此問也。」子曰：「暴虎憑河，死而無悔者，吾不與也。孔安國曰：暴虎，徒搏也。憑河，徒涉也。」必也臨事而懼，好謀而成者也。」

○子曰：「富而可求也，雖執鞭之士，吾亦爲之。鄭玄曰：「富貴不可求而得者也，當

---

❶「也」，邢本無此字。

❷「之也」，皇本無「之」字。邢本無此二字，且兩句分作兩章，此條註文置於前句之下，此句下另有一條註文：「一日之中，或哭或歌，是褻於禮容。」

❸「耳也」，皇本無「也」字，邢本無此二字。

❹「子路曰」，皇本、邢本此處連上爲一章。據文義及下孔安國註，以連上爲是。

❺「有」，邢本無此字。

❻「亦當唯有與己俱」，邢本作「亦當誰與己同」。

脩德以得之矣。若於道可求者，雖執鞭賤職，❶我亦爲之矣。」如不可求者，❷從吾所好。」孔安國曰：「所好者，古人之道也。」

○子之所慎：齊，戰，疾。孔安國曰：「此三者，人所不能慎，而夫子能慎之也。」

○子在齊聞《韶》樂，❸三月不知肉味，周生烈曰：「孔子在齊聞習《韶》樂之盛美，故忘於肉味也。」曰：「不圖爲樂之至於斯也。」王肅曰：「爲，作也。不圖作《韶》樂至於此。此，齊也。」

○冉有曰：「夫子爲衛君乎？」孔安國曰：「爲，猶助也。衛君者，謂輒也。衛靈公逐太子蒯聵，公薨而立孫輒也。後晉趙鞅納蒯聵于戚，❹衛石曼姑帥師圍之。故問其意助輒否乎。」子貢曰：「諾，吾將問之。」入，曰：「伯夷、叔齊何人也？」子曰：「古之賢人也。」曰：「怨乎？」曰：「求仁而得仁，又何怨乎？」孔安國曰：「夷、齊讓國遠去，終於餓死，故問怨乎。以

---

❶「鞭」下，邢本有「之」字。
❷「者」，邢本無此字。
❸「樂」，邢本無此字。
❹「戚」下，邢本有「城」字。

讓爲仁，豈怨乎？」出，曰：「夫子不爲也。」鄭玄曰：「父子爭國，惡行也。孔子以伯夷、叔齊爲賢且仁，故知不助衛君明也。」

○子曰：「飯蔬食，❶飲水，曲肱而枕之，樂亦在其中矣。孔安國曰：「蔬食，菜食也。肱，臂也。孔子以此爲樂也。」不義而富且貴，於我如浮雲。」鄭玄曰：「富貴而不以義者，於我如浮雲，非己之有也。」

○子曰：「加我數年，五十以學《易》，可以無大過矣。」《易》窮理盡性，以至於命。年五十而知天命，以知天命之年，讀至命之書，故可以無大過也。

○子所雅言，孔安國曰：「雅言，正言也。」《詩》、《書》、執禮，皆雅言也。鄭玄曰：「讀先王典法，必正言其音，然後義全，故不可有所諱也。禮不誦，故言執也。」

○葉公問孔子於子路，子路不對。孔安國曰：「葉公名諸梁，楚大夫也。食寀於葉，僭稱公。不對者，未知所以答也。」子曰：「女奚不曰，其爲人也，發憤忘食，樂以忘憂，不知老之將至也云爾。」

---

❶「蔬」，邢本作「疏」。

〇**子曰：「我非生而知之者，好古敏而求之者也。」**鄭玄曰：「言此者，勉人於學也。」❶

〇**子不語：怪，力，亂，神。**孔安國曰：「怪，怪異也。力，謂若奡盪舟、烏獲舉千鈞之屬也。亂，謂臣弒君、子弒父也。神，謂鬼神之事也。或無益於教化也，或所不忍言也。」

〇**子曰：「我三人行，**❷**必得我師焉。**❸**擇其善者而從之，其不善者而改之。」**言我三人行，本無賢愚，擇善從之，不善改之，故無常師也。

〇**子曰：「天生德於予，桓魋其如予何？」**苞氏曰：「桓魋，宋司馬黎也。天生德於予者，謂授以聖性也，合德天地，❹吉無不利，故曰其如予何也。」

〇**子曰：「二三子以我爲隱子乎？**❺**吾無隱乎爾。**苞氏曰：「二三子，謂諸弟子也。聖人知廣道深，弟子學之不能及，以爲有所隱匿，故解之也。」**吾無所行而不與二三子者，**❻**是**

---

❶「勉人於學也」，皇本「勉」下有「勸」字，邢本作「勸人學」。

❷「我」，邢本無此字。據註文當有。

❸「得」，邢本作「有」。

❹「合德」，邢本作「德合」。

❺「隱」下，邢本無「子」字。

❻「所」，邢本無此字。

丘也。」苞氏曰：「我所爲無不與爾共之者，是丘之心也。」

○子以四教：文，行，忠，信。四者有形質，可舉以教也。

○子曰：「聖人吾不得而見之矣，得見君子者斯可矣。」疾世無明君也。子曰：「善人吾不得而見之矣，得見有恒者斯可矣。亡而爲有，虛而爲盈，約而爲泰，難乎有恒矣。」孔安國曰：「難可名之爲有常也。」

○子釣而不綱，弋不射宿。孔安國曰：「釣者，一竿釣也。綱者，爲大綱以横絶流，以繳繫釣，羅屬着綱也。弋，繳射也。宿，宿鳥也。」

○子曰：「盖有不知而作之者，我無是也。苞氏曰：「時人多有穿鑿妄作篇籍者，故云然也。」多聞擇其善者而從之，多見而識之，知次也。」❶孔安國曰：「如此次於知之者也。」

○互鄉難與言，童子見，門人惑。鄭玄曰：「互鄉，鄉名也。其鄉人言語自專，不達時宜，而有童子來見，孔子門人怪孔子見也。」子曰：「與其進也，不與其退也，唯何甚！孔安國曰：「教誨之道，與其進，不與其退，怪我見此童子，惡惡何一甚也。」人潔己以進，與其潔也，

❶「知」下，皇本、邢本有「之」字。

不保其往也。」鄭玄曰：「往，猶去也。人虚己自潔而來，當與其進之，亦何能保其去後之行也。」

○子曰：「仁遠乎哉？我欲仁，斯仁至矣。」苞氏曰：「仁道不遠，行之則是至也。」

○陳司敗問：「昭公知禮乎？」孔安國曰：「司敗，官名也。陳大夫也。昭公，魯昭公也。」孔子對曰：「知禮。」孔子退，揖巫馬期而進之，曰：「吾聞君子不黨。❶君娶於吴，爲同姓，謂之吴孟子，君而知禮，孰不知禮？」孔安國曰：「巫馬期，弟子也，名施。相助匿非曰黨。魯吴俱姬姓也，禮同姓不婚，而君娶之，當稱吴姬，諱曰孟子也。」巫馬期以告。子曰：「丘也幸，苟有過，人必知之。」孔安國曰：「以司敗言告也。諱國惡，禮也。聖人智深道弘，故受以爲過也。」

○子與人歌而善，必使反之，而後和之。樂其善，故使重歌而後自和之也。

○子曰：「文莫吾猶人也。莫，無也。文無者，猶俗言文不也。文不吾猶人者，言凡文皆不勝於人也。躬行君子，則吾未之有得也。」孔安國曰：「躬爲君子，己未能得之也。」

○子曰：「若聖與仁，則吾豈敢？孔安國曰：「孔子謙，不敢自名仁、聖也。」抑爲之不

---

❶「黨」下，皇本、邢本有「君子亦黨乎」五字。

厭，誨人不倦，則可謂云爾已矣。」公西華曰：「正唯弟子不能學也。」苞氏曰：「正如所言，弟子猶不能學也，況仁聖乎也。」

○子疾病，子路請禱。苞氏曰：「禱，禱請於鬼神也。」子曰：「有諸？」周生烈曰：「言有此禱請於鬼神之事乎也？」子路對曰：「有之。《誄》曰：『禱爾于上下神祇。』」孔安國曰：「子路失指也。《誄》，禱篇名也。」子曰：「丘之禱之久矣。」孔安國曰：「孔子素行合於神明，故曰丘之禱之久矣。」

○子曰：「奢則不遜，儉則固。與其不遜也，寧固。」孔安國曰：「俱失之也。奢不如儉，奢則僭上，儉則不及禮耳。固，陋也。」

○子曰：「君子坦蕩蕩，小人長戚戚。」鄭玄曰：「坦蕩蕩，寬廣貌也。長戚戚，多憂懼貌也。」

○子溫而厲，威而不猛，恭而安。

論語泰伯第八　何晏集解凡廿一章

○子曰：「泰伯，其可謂至德也已矣。三以天下讓，民無得而稱焉。」王肅曰：「泰伯，周太王之太子也。次仲雍，❶少弟曰季歷。季歷賢，又生聖子文王昌。昌必有天下，故泰伯以天下三讓於王季。其讓隱，故無得而稱言之者，所以爲至德也。」

○**子曰：「恭而無禮則勞，慎而無禮則葸，**葸，畏懼之貌也。言慎而不以禮節之，則常畏懼也。**勇而無禮則亂，直而無禮則絞。**馬融曰：「絞，絞刺也。」**君子篤於親，則民興於仁；故舊不遺，則民不偷。」**苞氏曰：「興，起也。君能厚於親屬，不遺忘其故舊，行之美者也，則民皆化之，起爲仁厚之行，不偷薄也。」

○**曾子有疾，召門弟子曰：「啓予足，啓予手。**鄭玄曰：「啓，開也。曾子以爲受身體於父母，不敢毀傷之，故使弟子開衾而視之也。」**《詩》云：『戰戰兢兢，如臨深淵，如履薄冰。』**孔安國曰：「言此《詩》者喻己常誡慎，恐有所毀傷也。」**而今而後，吾知免夫。小子！」**周生烈曰：「乃今日而後，我自知免於患難矣。小子，弟子也。呼者，❷欲使聽識其言也。」

○**曾子有疾，孟敬子問之。**馬融曰：「孟敬子，魯大夫仲孫踕也。」**曾子言曰：「鳥之將死，其鳴也哀；人之將死，其言也善。**苞氏曰：「欲戒敬子，言我將且死，言善可用也。」**君子**

---

❶「次」下，皇本、邢本有「弟」字。

❷「呼」下，邢本有「之」字。

所貴道者三：動容貌，斯遠暴慢矣；正顔色，斯近信矣；出辭氣，斯遠鄙倍矣。鄭玄曰：「此道，謂禮也。動容貌，能濟濟蹌蹌，則人不敢暴慢之也。正顔色，能矜莊嚴栗，則人不敢欺誕之也。❶出辭氣，能順而説，則無惡戾之言入於耳也。」**籩豆之事，則有司存。」**苞氏曰：「敬子忘大務小，故又戒之以此也。籩豆，禮器也。」

○曾子曰：「以能問於不能，以多問於寡，有若無，實若虛，犯而不校，苞氏曰：「校，報也。言見侵犯而不報之也。」❷**昔者吾友嘗從事於斯矣。」**馬融曰：「友，謂顔淵也。」

○曾子曰：「可以託六尺之孤，孔安國曰：「六尺之孤，謂幼少之君也。」**可以寄百里之命，**孔安國曰：「攝君之政令也。」**臨大節而不可奪也，**大節，安國家，定社稷也。奪者，不可傾奪之也。**君子人與？君子人也。」**

○曾子曰：「士不可以不弘毅，任重而道遠，苞氏曰：「弘，大也。毅，强而能決斷也。士弘毅然後能負重任致遠路也。」**仁以爲己任，不亦重乎？死而後已，不亦遠乎？」**孔安國曰：「以仁爲己任，重莫重焉。死而後已，遠莫遠焉也。」

---

❶「誕」，邢本作「詐」。

❷「報」，皇本作「校」。

○子曰：「興於《詩》，苞氏曰：「興，起也。言修身當先學《詩》也。」立於禮，苞氏曰：「禮者，所以立身也。」成於樂。」孔安國曰：❶「樂，所以成性也。」

○子曰：「民可使由之，不可使知之。」由，用也。可使用而不可使知者，百姓能日用而不能知也。

○子曰：「好勇疾貧，亂也。苞氏曰：「好勇之人而患疾己之貧賤者，必將爲亂也。」人而不仁，疾之已甚，亂也。」孔安國曰：「疾惡太甚，亦使其爲亂也。」

○子曰：「如有周公之才之美，使驕且悋，其餘不足觀也已矣。」孔安國曰：「周公者，周公旦也。」

○子曰：「三年學，不至於穀，不易得也已。」孔安國曰：「穀，善也。言人三歲學，不至於善，不可得。言必無及也，❷所以勸人於學也。」❸

○子曰：「篤信好學，守死善道，危邦不入，亂邦不居。天下有道則見，無道則

❶「孔安國曰」，邢本作「包曰」。
❷「及」，邢本無此字。
❸「於」，邢本無此字。

隱。苞氏曰：「言行當常然也。危邦不入，謂始欲往也。亂邦不居，今欲去也。臣弒君，❶子弒父，亂也。危者，將亂之兆也。」**邦有道，貧且賤焉，恥也。邦無道，富且貴焉，恥也。」**

○子曰：「不在其位，不謀其政也。」孔安國曰：「欲各專一於其職也。」

○子曰：「師摯之始，《關雎》之亂，洋洋乎盈耳哉！」鄭玄曰：「師摯，魯大師之名。始，猶首也。周道既衰，鄭衛之音作，正樂廢而失節，魯大師摯識《關雎》之聲，而首理其亂，洋洋乎盈耳哉，❷聽而美也。」

○子曰：「狂而不直，孔安國曰：「狂者進取，宜直也。」**侗而不愿，**孔安國曰：「侗，未成器之人也，宜謹愿也。」**悾悾而不信，**苞氏曰：「悾悾，慤慤也，宜可信也。」**吾不知之矣。」**孔安國曰：「言皆與常度反，故我不知也。」❸

○子曰：「學如不及，猶恐失之。」學自外入，至熟乃可長久。如不及，猶恐失之耳也。

○子曰：「巍巍乎，舜禹之有天下也而不與焉！」美舜禹已不與求天下而得之也。巍

---

❶「臣弒君子弒父亂也」，邢本作「亂謂臣弒君子弒父」。

❷「乎」、「哉」，邢本無此二字。

❸「故我不知也」，邢本作「我不知之」。

巍者，高大之稱也。

○子曰：「**大哉堯之爲君也！巍巍乎！唯天爲大，唯堯則之。**孔安國曰：「則，法也。美堯能法天而行化也。」**蕩蕩乎，民無能名焉！**苞氏曰：「蕩蕩，廣遠之稱也。言其布德廣遠，民無能識名焉。」❶**巍巍乎，其有成功也！**功成化隆，高大巍巍也。**煥乎其有文章！**」煥，明也。其立文垂制，復著明也。

○**舜有臣五人而天下治。**孔安國曰：「禹、稷、契、皐陶、伯益也。」**武王曰：「予有亂臣十人。」**孔安國曰：「亂，理也。理官者十人也。謂周公旦、召公奭、太公望、畢公、榮公、太顛、閎夭、散宜生、南宮适也。其餘一人，謂文母也。」**孔子曰：「才難，不其然乎？唐虞之際，於斯爲盛，有婦人焉，九人而已。**孔安國曰：「唐者，堯號也。虞者，舜號也。際者，堯舜交會之間也。斯，此也。此，於周也。言堯舜交會之間，比於此周，周最盛多賢，然尚有一婦人，其餘九人而已。大才難得，豈不然乎？」**三分天下有其二，以服事殷，周德其可謂至德也已矣。**」苞氏曰：「殷紂淫亂，文王爲西伯，而有聖德，天下之歸周者三分有二，而猶以服事殷，故謂之至德也。」

❶「識」下，邢本有「其」字。

○子曰：「禹，吾無間然矣。孔安國曰：「孔子推禹功德之盛，❶言己不能復間厠其間也。」菲飲食而致孝乎鬼神，馬融曰：「菲，薄也。致孝乎鬼神，祭祀豐潔也。」惡衣服而致美乎黻冕，孔安國曰：「損其常服，以盛祭服也。」卑宫室而盡力乎溝洫。苞氏曰：「方里爲井，井間有溝，溝廣深四尺。十里爲城，❷城間有洫，洫廣深八尺也。」禹，吾無間然矣。」

論語卷第四　經一千五百十四字，注二千三百七十七字。

---

❶「盛」下，邢本有「美」字。

❷「城」，邢本作「成」。下「城」字同此。

論語子罕第九

何晏集解凡卅一章，皇卅章

○子罕言利，與命與仁。罕者，希也。利者，義之和也。命者，天之命也。仁者，行之盛也。寡能及之，故希言也。

○達巷黨人曰：「大哉孔子！博學而無所成名。」鄭玄曰：「達巷，黨名也。五百家爲黨。此黨之人，美孔子博學道藝，不成一名而已也。」**子聞之，謂門弟子曰：「吾何執？執御乎？執射乎？吾執御矣。」**鄭玄曰：「聞人美之，承以謙也。吾執御者，欲名六藝之卑也。」

○子曰：**「麻冕，禮也。今也純，儉。吾從衆。**孔安國曰：「冕，緇布冠也。古者績麻三十升布以爲之。純，絲也。絲易成，故從儉也。」**拜下，禮也。今拜乎上，泰。**❶**雖違衆，吾從下。」**王肅曰：「臣之與君行禮者，下拜然後升成禮。時臣驕泰，故於上拜。今從下，禮之恭也。」

---

❶「泰」下，皇本、邢本有「也」字。

○子絕四：毋意，以道爲度，故不任意也。毋必，用之則行，捨之則藏，故無專必也。毋固，無可無不可，故無固行也。毋我。述古而不自作，處群萃而不自異，唯道是從，故不自有其身也。

○子畏於匡，苞氏曰：「匡人誤圍夫子，以爲陽虎。陽虎嘗暴於匡。夫子弟子顔尅，時又與虎俱往，後尅爲夫子御，至於匡。匡人相與共識尅，又夫子容貌與虎相似，故匡人以兵圍之也。」曰：「文王既没，文不在茲乎？孔安國曰：「茲，此也。言文王雖已没，其文見在此。此，自此其身也。」❶天之將喪斯文也，後死者不得與於斯文也。孔安國曰：「文王既没，故孔子自謂後死也。言天將喪此文者，本不當使我知之，今使我知，未欲喪之。」天之未喪斯文，匡人其如予何？」馬融曰：「如予何者，猶言奈我何也。天之未喪此文也，則我當傳之。匡人欲奈我何，言其不能違天而害己。」

○太宰問於子貢曰：「夫子聖者與？何其多能也？」孔安國曰：「太宰，大夫官名也，或吴或宋，未可分也。疑孔子多能於小藝也。」子貢曰：「固天縱之將聖，又多能也。」孔安國曰：「言天固縱之大聖之德，又使多能也。」子聞之曰：「太宰知我者乎？吾少也賤，故

❶「此」，邢本作「謂」。

多能鄙事。君子多乎哉？不多也。」苞氏曰：「我少小貧賤，常自執事，故多能爲鄙人之事。君子固不當多能也。」

○牢曰：「子云：『吾不試，故藝。』」鄭玄曰：「牢，弟子子牢也。試，用也。言孔子自云，我不見用，故多能伎藝也。」

○子曰：「吾有知乎哉？無知也。知者，知意之知也。言知者言未必盡也。今我誠盡也。有鄙夫問於我，空空如也，我叩其兩端而竭焉。」孔安國曰：「有鄙夫來問於我，其意空空然，我則發事之終始兩端以語之，竭盡所知，不爲有愛也。」

○子曰：「鳳鳥不至，河不出《圖》，吾已矣夫！」孔安國曰：「有聖人受命，則鳳鳥至，河出《圖》，今天無此瑞。吾已矣夫者，不得見也。《河圖》，八卦是也。」

○子見齊衰者、冕衣裳者與瞽者，苞氏曰：「冕者，冕冠也，大夫之服也。瞽者，盲者也。」見之，雖少者必作，過之必趨。苞氏曰：「作，起也。趨，疾行也。此夫子哀有喪，尊在位，恤不成人之也。」❶

○顏淵喟然歎曰：喟然，歎聲也。「仰之彌高，鑽之彌堅。言不可窮盡也。瞻之在

❶ 「之也」，皇本無「之」字，邢本無此二字。

前，忽焉在後。言忽怳不可爲形像也。夫子循循然善誘人，循循，次序貌也。誘，進也。言夫子正以此道勸進人，有次序也。博我以文，約我以禮，欲罷不能。既竭吾才，如有所立卓爾，雖欲從之，末由也已。」孔安國曰：「言夫子既以文章開博我，又以禮節節約我，使我欲罷而不能。已竭我才矣，其有所立，則又卓然不可及。言己雖蒙夫子之善誘，猶不能及夫子之所立也。」

○子疾病，苞氏曰：「疾甚曰病也。」子路使門人爲臣。鄭玄曰：「孔子嘗爲大夫，故子路欲使弟子行其臣之禮也。」病間，曰：「久矣哉，由之行詐也！無臣而爲有臣，吾誰欺？欺天乎！孔安國曰：「病小差曰間。言子路有是心，非唯今日也。」且予與其死於臣之手也，無寧死於二三子之手乎！馬融曰：「無寧，寧也。二三子，門人也。就使我有臣而死其手，我寧死弟子之手乎也。」且予縱不得大葬，孔安國曰：「君臣禮葬也。」予死於道路乎？」馬融曰：「就使之不得以君臣之禮葬，有二三子在，我寧當憂棄於道路乎？」

○子貢曰：「有美玉於斯，韞匵而藏諸？求善賈而沽諸？」馬融曰：「韞，藏也。匵，匵也。藏諸匵中。沽，賣也。得善賈寧賣之耶也。」子曰：「沽之哉！沽之哉！我待賈者。」苞氏曰：「沽之哉，不衒賣之辭也。我居而待賈者也。」

○子欲居九夷。馬融曰：「九夷，東方之夷有九種也。」**或曰：「陋，如之何？」子曰：「君子居之，何陋之有？」**馬融曰：「君子所居者皆化也。」❶

○子曰：「吾自衛反於魯，然後樂正，《雅》《頌》各得其所。」鄭玄曰：「反魯，魯哀公十一年冬也。是時道衰樂廢，孔子來還，乃正之，故曰《雅》《頌》各得其所也。」

○子曰：「出則事公卿，入則事父兄，喪事不敢不勉，不爲酒困，何有於我哉？」馬融曰：「困，亂也。」

○子在川上曰：「逝者如斯夫！不舍晝夜。」苞氏曰：「逝，往也。言凡往者如川之流也。」

○子曰：「吾未見好德如好色者也。」疾時人薄於德而厚於色也，故發此言也。

○子曰：「譬如爲山，未成一簣，止，吾止也。苞氏曰：「簣，土籠也。此勸人進於道德也。爲山者，其功雖已多，未成一籠而中道止者，我不以其前功多而善之，見其志不遂，故不與也。」**譬如平地，雖覆一簣，進，吾往也。」**馬融曰：「平地者，將進加功，雖始覆一簣，我不以其見功少而薄之也，據其欲進而與之也。」

❶「君子所居者皆化也」，邢本作「君子所居則化」。

○子曰：「語之而不惰者，其回與！」顏淵則解，故語之不惰。餘人不解，故有惰語之時也。

○子謂顏淵，曰：「惜乎！吾見其進也，未見其止也。」苞氏曰：「孔子謂顏淵進益未止，痛惜之甚也。」

○子曰：「苗而不秀者有矣夫！秀而不實者有矣夫！」孔安國曰：「言萬物有生而不育成者，喻人亦然也。」

○子曰：「後生可畏也，焉知來者之不如今也？後生，謂年少也。四十五十而無聞焉，斯亦不足畏也已矣。」

○子曰：「法語之言，能無從乎？改之爲貴。孔安國曰：「人有過，以正道告之，口無不順從之，能必改乃爲貴也矣。」巽與之言，能無説乎？繹之爲貴。馬融曰：「巽，恭也。謂恭巽謹敬之言，聞之無不悦也，能尋繹行之，乃爲貴也。」悦而不繹，從而不改，吾末如之何也已矣。」

○子曰：「主忠信，無友不如己者。過則勿憚改。」慎其所主、所友，❶有過務改，皆所

---

❶「慎其所主所友」，邢本作「慎其所主友」。

以爲益也。

○子曰：「三軍可奪帥也，匹夫不可奪志也。」孔安國曰：「三軍雖衆，人心非一，則其將帥可奪之而取。匹夫雖微，苟守其志，不可得而奪也。」

○子曰：「衣弊緼袍與衣狐貉者立而不耻者，其由與？孔安國曰：「緼，枲著也。」『不忮不求，何用不臧？』」馬融曰：「忮，害也。臧，善也。言不忮害，不貪求，何用爲不善？疾貪惡忮害之《詩》也。」子路終身誦之。子曰：「是道也，何足以臧？」馬融曰：「臧，善也。尚復有美於是者，何足以爲善也？」

○子曰：「歲寒，然後知松栢之後彫也。」大寒之歲，衆木皆死，然後知松栢小彫傷也。平歲則衆木亦有不死者，故須歲寒而後別之。喻凡人處治世亦能自修整，與君子同。在濁世，然後知君子之正不苟容也。

○子曰：「知者不惑，苞氏曰：「不惑亂也。」仁者不憂，孔安國曰：「無憂患也。」勇者不懼。」

○子曰：「可與共學，未可與適道。適，之也。雖學，或得異端，未必能之道也。可與適道，未可與立。雖能之道，未必能以有所成立也。可與立，未可與權。」雖能有所立，未必能權量其輕重之極也。

○「唐棣之華，偏其反而。豈不爾思？室是遠而。」逸《詩》也。唐棣，栘也，華反而後合。賦此《詩》以言權，道反而後至大順也。思其人而不得見者，其室遠也，以言思權而不得見者，其道遠也。子曰：「未之思也，夫何遠之有哉？」夫思者，當思其反，反是不思，所以爲遠也。能思其反，何遠之有！言權可知，唯不知思耳。思之有次序，斯可知之也。

論語鄉黨第十

何晏集解凡一章❶

○孔子於鄉黨，恂恂如也，似不能言者。王肅曰：「恂恂，温恭之貌也。」其在宗廟朝廷，便便言，唯謹爾。鄭玄曰：「便便，辧也。❷雖辧而謹敬也。」

○朝，與下大夫言，侃侃如也。孔安國曰：「侃侃，和樂之貌也。」與上大夫言，誾誾如也。孔安國曰：「誾誾，中正之貌也。」君在，踧踖如也，與與如也。馬融曰：「君在者，君視朝也。踧踖，恭敬之貌也。與與，威儀中適之貌也。」

---

❶「凡一章」，皇本、邢本亦爲一章。然此本文中仍以「○」分節，姑仍之。其當分而無「○」者，亦仍之。

❷「辧」，皇本作「辨」，邢本作「辯」，三字通用。

○君召使擯，鄭玄曰：「君召使擯者，有賓客使迎也。」**色勃如也，**孔安國曰：「必變色也。」**足躩如也，**苞氏曰：「槃辟貌之也。」❶**揖所與立，左右其手，衣前後，襜如也。**鄭玄曰：「揖左人，左其手。揖右人，右其手。一俛一仰，故衣前後則襜如也。」**趨進，翼如也。**孔安國曰：「言端好也。」**賓退，必復命曰：「賓不顧矣。」**孔安國曰：「復命，白君，賓已去也矣。」

○入公門，鞠躬如也，如不容。孔安國曰：「斂身也。」**立不中門，行不履閾。**孔安國曰：「閾，門限也。」**過位，色勃如也，足躩如也，**苞氏曰：「過君之空位也。」**其言似不足者。攝齊升堂，鞠躬如也，屏氣似不息者。**孔安國曰：「皆重慎也。衣下曰齊，攝齊者，摳衣也。」**出降一等，逞顔色，怡怡如也。**孔安國曰：「先屏氣，下階舒氣，故怡怡如也。」**沒階趨進，翼如也。**孔安國曰：「沒，盡也。下盡階也。」**復其位，踧踖如也。**孔安國曰：「來時所過位也。」

○執圭，鞠躬如也，如不勝。苞氏曰：「爲君使以聘問鄰國，執持君之圭。鞠躬者，敬慎之至也。」**上如揖，下如授。勃如戰色，足蹜蹜如有循也。**鄭玄曰：「上如揖，授玉宜敬也。下如授，不敢忘禮。戰色，敬也。足蹜蹜如有循，舉前曳踵行之也。」**享禮，有容色。**鄭玄曰：

---

❶「槃辟貌之也」，皇本無「之」字，邢本無「之也」二字，且「槃」上有「足躩」二字。

「享，獻也。《聘禮》既聘而享，享用圭璧，有庭實也。」**私覿，愉愉如也。**鄭玄曰：「覿，見也。既享，乃以私禮見。愉愉，顏色之和也。」

○君子不以紺緅飾，孔安國曰：「一入曰緅。飾者，不以爲領袖緣也。紺者，齊服盛色，以爲飾，似衣齊服也。緅者，三年練，以緅飾衣，爲其似衣喪服，故皆不以飾衣也。」**紅紫不以爲褻服。**王肅曰：「褻服，私居非公會之服者也。皆不正，褻尚不衣，正服無所施也。」**當暑，縝絺綌，必表而出。**❶孔安國曰：「暑則單服。絺綌，葛也。必表而出，加上衣也。」**緇衣，羔裘。素衣，麑裘。黄衣，狐裘。褻裘長，短右袂。**孔安國曰：「服皆中外之色相稱也。私家裘長，主溫也。短右袂者，便作事也。」**必有寢衣，長一身有半。**孔安國曰：「今之被也。」**狐貉之厚以居。**鄭玄曰：「在家以接賓客之也。」**去喪，無所不佩。**孔安國曰：「去，除也。非喪則備佩所宜佩也。」**非帷裳，必殺之。**王肅曰：「衣必有殺縫，唯帷裳無殺之也。」**羔裘玄冠不以弔。**孔安國曰：「喪主素，吉主玄，吉凶異服，故不相弔也。」**吉月，必朝服而朝。**孔安國曰：「吉月，月朔也。朝服，皮弁服也。」

○齋必有明衣，布也。孔安國曰：「以布爲沐浴之衣也。」**齋必變食，**孔安國曰：「改常食

---

❶「出」下，邢本有「之」字，孔注「出」下同。

也。」**居必遷坐。**孔安國曰：「易常處也。」**食不厭精，膾不厭細。食饐而餲。**孔安國曰：「饐餲，臭味變也。」**魚餒而肉敗，不食。**孔安國曰：「魚敗曰餒也。」**色惡，不食。臭惡，不食。失飪，不食。**孔安國曰：「失飪，失生熟之節也。」**不時，不食。**鄭玄曰：「不時，非朝、夕、日中時也。」**割不正，不食。不得其醬，不食。**馬融曰：「魚膾非芥醬不食也。」**肉雖多，不使勝食氣。唯酒無量，不及亂。沽酒市脯不食。不撤薑食，**孔安國曰：「撤，去也。齊禁薰物，薑辛不臭，故不去也。」**不多食。**孔安國曰：「不過飽。」**祭於公，不宿肉。**周生烈曰：「助祭於君，所得牲體，歸則以班賜，不留神惠也。」**祭肉不出三日。出三日，不食之矣。**鄭玄曰：「自其家祭肉也，過三日不食也，是褻鬼神之餘也。」**食不語，寢不言。雖疏食、菜羹、瓜，**❶**祭必齊如也。**孔安國曰：「齊，嚴敬之貌也。三物雖薄，祭之必敬也。」

○席不正，不坐。鄉人飲酒，杖者出，斯出矣。孔安國曰：「杖者，老人也。鄉人飲酒之禮，主於老者，老者禮畢出，孔子從而出之。」

○鄉人儺，朝服而立阼階。❷孔安國曰：「儺，驅逐疫鬼也。恐驚先祖，故朝服立於廟之

---

❶「疏」，皇本、邢本作「蔬」。

❷「立」下，皇本、邢本有「於」字。

阼階也。」

○問人於他邦，再拜送之。孔安國曰：「拜送使者，敬也。」

○康子饋藥，拜而受之。苞氏曰：「遺孔子藥也。」**曰：「丘未達，不敢嘗之。」**孔安國曰：「未知其故，故不嘗，❶禮也。」

○廄焚。子退朝，曰：「傷人乎？」不問馬。鄭玄曰：「重人賤畜也。退朝，自魯君之朝來歸。」❷

○君賜食，必正席先嘗。孔安國曰：「敬君之惠也。既嘗之，乃以班賜之也。」**君賜腥，必熟而薦之。**孔安國曰：「薦，薦其先祖也。」**君賜生，必畜之。侍食於君，君祭，先飯。**鄭玄曰：「於君祭，則先飯矣。若爲先嘗食然也。」❸**疾，君視之，東首，加朝服，拖紳。**苞氏曰：「夫子疾也。處南牖之下，東首，加其朝服，拖紳。紳，大帶。不敢不衣朝服見君也。」**君命召，不**

---

❶「不」下，邢本有「敢」字。

❷「魯君」，皇本無「君」字，邢本無「魯」字。

❸「爲」下，邢本有「君」字。

俟駕行矣。鄭玄曰：「急趨君命也。行出而車既駕從也。」❶**入太廟，每事問。**鄭玄曰：❷「爲君助祭也。太廟，周公廟也。」**朋友死，無所歸，曰：「於我殯。」**孔安國曰：「重朋友之恩也。無所歸，無親昵也。」**朋友之饋，雖車馬，非祭肉，不拜。**孔安國曰：「不拜，有通財之義也。」**寢不尸，**苞氏曰：「偃卧四體，布展手足，似死人也。」**居不容。**孔安國曰：「爲家室之敬難久也。」**子見齊衰者，雖狎必變。**孔安國曰：「狎者，素親狎也。」**見冕者與瞽者，雖褻必以貌。**周生烈曰：「褻，謂數相見也。必當以貌禮也。」**凶服者式之，式負版者。**孔安國曰：「凶服者，送死之衣物也。負版者，持邦國之圖籍者也。」**有盛饌，必變色而作。**孔安國曰：「作，起也。敬主人之親饋也。」**迅雷風烈，必變。**鄭玄曰：「敬天之怒。風疾雷爲烈也。」**升車，必正立執綏。**周生烈曰：「必正立執綏，所以爲安也。」**車中不内顧。**苞氏曰：「車中不内顧者，前視不過衡枙，傍視不過輢轂之也。」**不疾言，不親指。色斯舉矣，**馬融曰：「見顔色不善，則去之也。」**翔而後集。**周生烈曰：「迴翔審觀而後下止也。」**曰：「山梁雌雉，時哉時哉！」子路供之，三嗅而作。**言山梁雌雉得其時，而人不得時，故歎之。子路以其時物，故供具之。非其本意，不

❶「行出而車既駕從也」，皇本作「出行而車既駕隨之」，邢本作「行出而車駕隨之」。

❷「鄭玄曰」，此條注文邢本脱。

苟食，故三嗅而起也。❶

論語卷第五 經一千四百六十二字，註二千二百九十七字。

❶「故三嗅而起也」，邢本作「故三嗅而作作起也」。

論語先進第十一

何晏集解凡二十三章

○子曰：「先進於禮樂，野人也；後進於禮樂，君子也。先進、後進，❶謂士先後輩也。禮樂因世損益，後進與禮樂，俱得時之中，斯君子矣。先進有古風，斯野人也。如用之，則吾從先進。」苞氏曰：「將移風易俗，歸之純素。先進猶近古風，故從之也。」

○子曰：「從我於陳蔡者，皆不及門者也。」鄭玄曰：「言弟子之從我而厄於陳蔡者，皆不及仕進之門，而失其所也。」

○子曰：「德行：顏淵、閔子騫、冉伯牛、仲弓。言語：宰我、子貢。政事：冉有、季路。文學：子游、子夏。」

○子曰：「回也，非助我者也，於吾言無所不說。」孔安國曰：「助，猶益也。言回聞言即解，無可發起增益於己也。」

○子曰：「孝哉，閔子騫！人不間於其父母兄弟之言。」陳群曰：「言閔子騫爲人，

---

❶「先進」上，邢本有「孔曰」二字。

上事父母，下順兄弟，動静盡善，故人不得有非間之言也。」

○南容三復「白圭」，孔安國曰：「《詩》云：『白圭之玷，尚可磨也。斯言之玷，不可爲也。』南容讀《詩》至此，三反復之，是其心慎言也。」孔子以其兄之子妻之。

○季康子問：「弟子孰爲好學？」孔子對曰：「有顔回者好學，不遷怒，不貳過，不幸短命死矣。今也則亡，未聞好學者也。」

○顔淵死，顔路請子之車。孔安國曰：「顔路，顔淵之父也。家貧，故欲請孔子之車，賣以作椁。」子曰：「才不才，亦各言其子也。鯉死，有棺而無椁，吾不可徒行，以爲之椁，以吾從大夫之後，吾以不可徒行也。」孔安國曰：「鯉，孔子之子伯魚。孔子時爲大夫，故言吾從大夫之後，不可以徒行，是謙辭也。」

○顔淵死。子曰：「噫，苞氏曰：「噫，痛傷之聲。」天喪予！天喪予！」天喪予者，若喪己也。再言之者，痛惜之甚也。

○顔淵死，子哭之慟。馬融曰：「慟，哀過也。」從者曰：「子慟矣！」子曰：「有慟乎？孔安國曰：「不自知己之悲哀之過也。」非夫人之爲慟，而誰爲慟？」

○顔淵死，門人欲厚葬之。子曰：「不可。」禮，貧富各有宜。顔淵家貧，而門人欲厚葬之，故不聽也。門人厚葬之。子曰：「回也視予猶父也，予不得視猶子也。非我也，夫二三子也。」馬融曰：「言回自有父，父意欲聽門人厚葬之，我不得制止。非其厚葬，故云爾也。」

○季路問事鬼神。子曰：「未能事人，焉能事鬼？」曰：「敢問事死。」❶曰：「未知生，焉知死？」陳群曰：「鬼神及死事難明，語之無益，故不答也。」

○閔子騫侍側，誾誾如也。子路，行行如也。冉子、子貢，侃侃如也。子樂。鄭玄曰：「樂各盡其性也。行行，剛强之貌也。」「若由也，不得其死然。」孔安國曰：「不得以壽終也。」

○魯人爲長府。閔子騫曰：「仍舊貫，如之何？何必改作？」鄭玄曰：「長府，藏名也。藏貨曰府。仍，因也。貫，事也。因舊事則可，何乃復更改作也？」子曰：「夫人不言，言必有中。」王肅曰：「言必有中，善其不欲勞民改作之也。」❷

○子曰：「由之鼓瑟，奚爲於丘之門？」馬融曰：「言子路鼓瑟不合《雅》《頌》也。」門人不敬子路。子曰：「由也升堂矣，未入於室也。」馬融曰：「升我堂矣，未入室耳。門人不

---

❶「事」，皇本、邢本無此字。

❷「改作之也」，皇本作「更改作也」，邢本作「改作」。

解，謂孔子言爲賤子路，故復解之也。」

○子貢問：「師與商也孰賢乎？」子曰：「師也過，商也不及。」孔安國曰：「言俱不得中也。」曰：「然則師愈與？」子曰：「過猶不及也。」愈，猶勝也。

○季氏富於周公，孔安國曰：「周公，天子之宰，卿士也。」而求也爲之聚斂而附益之。孔安國曰：「冉求爲季氏宰，爲之急賦稅也。」子曰：「非吾徒也。小子鳴鼓而攻之可也。」鄭玄曰：「小子，門人也，鳴鼓聲其罪以責之。」

○柴也愚，弟子高柴也，字子羔。愚，愚直之愚也。參也魯，孔安國曰：「魯，鈍也。曾子遲鈍也。」師也僻，❶馬融曰：「子張才過人，失在邪僻文過也。」由也喭。❷鄭玄曰：「子路之行，失於⿰口反喭也。」子曰：「回也其庶乎，屢空。賜不受命，而貨殖焉，億則屢中。」言回庶幾聖道，雖數空匱，而樂在其中矣。賜不受教命，唯財貨是殖，億度是非。蓋美回所以勵賜也。一曰屢，猶每也。空，猶虛中也。以聖人之善教，❸數子之庶幾，猶不至於知道者，各內有此害也。其

❶「也僻」，原作「僻也」，據上文句型及皇本、邢本改。

❷「也喭」，原作「喭也」，據上文句型及皇本、邢本改。

❸「善」下，皇本、邢本有「道」字。

於庶幾每能虛中者，唯回懷道深遠，不虛心，不能知道。子貢無數子病，❶然亦不知道者，雖不窮理而幸中，雖非天命而偶富，亦所以不虛心也。

〇子張問善人之道。子曰：「不踐迹，亦不入於室。」孔安國曰：「踐，循也。言善人不循追舊迹而已，❷亦多少能創業，然亦不能入於聖人之奧室也。」子曰：「論篤是與，君子者乎？色莊者乎？」論篤者，謂口無擇言也。君子者，謂身無鄙行也。色莊者，不惡而嚴，以遠小人者也。言此三者，皆可以爲善人者也。

〇子路問：「聞斯行諸？」苞氏曰：「賑窮救乏之事也。」子曰：「有父兄在，如之何其聞斯行之也？」孔安國曰：「當白父兄，不可得自專也。」冉有問：「聞斯行諸？」子曰：「聞斯行之。」公西華曰：「由也問：『聞斯行諸？』子曰：『有父兄在。』求也問：『聞斯行諸？』子曰：『聞斯行之。』赤也惑，敢問？」孔安國曰：「惑其問同而答異也。」子曰：「求也退，故進之。由也兼人，故退之。」鄭玄曰：「言冉有性謙退，子路務在勝尚人，各因其人之失而正也。」

---

❶「病」上，邢本有「之」字。
❷「不」下，皇本、邢本有「但」字。

○子畏於匡，顏淵後。孔安國曰："言與孔子相失，故在後也。"子曰："吾以汝爲死矣。"曰："子在，回何敢死？"苞氏曰："言夫子在，己無所敢死也。"季子然問：❶"仲由、冉求可謂大臣與？"孔安國曰："季子然，季氏之子弟。自多得臣此二子，故問之。"子曰："吾以子爲異之問，曾由與求之問。孔安國曰："謂子問異事耳，則此二人之問。安足爲大臣乎？"所謂大臣者，以道事君，不可則止。今由與求也，可謂具臣矣。"孔安國曰："言備臣數而已也。"曰："然則從之者與？"孔安國曰："問爲臣皆當從君所欲邪？"子曰："弑父與君，亦不從也。"孔安國曰："二子雖從其主，亦不與爲大逆也。"

○子路使子羔爲費宰。子曰："賊夫人之子！"苞氏曰："子羔學未熟習，而使爲政，所以賊害人也。"子路曰："有民人焉，有社稷焉，何必讀書，然後爲學？"孔安國曰："言治民事神，於是而習，亦學也。"子曰："是故惡夫佞者！"孔安國曰："疾其以口給應，遂己非，而不知窮也。"

○子路、曾皙、孔安國曰："曾皙，曾參父也，名點。"冉有、公西華侍坐。子曰："以吾

❶ "季子然問"，此處皇本、邢本另分爲一章，當從。則本篇凡二十四章，篇首所註"凡二十三章"當改。

一日長乎爾，無吾以也。孔安國曰：「言我問汝，汝無以我長故難對也。」居則曰：『不吾知也。』孔安國曰：「汝常居云人不知己。」如或知爾，則何以哉？」孔安國曰：「如有用汝者，則何以爲治乎？」子路率爾而對，率爾，先三人對也。曰：「千乘之國，攝乎大國間，加之以師旅，因之以飢饉，苞氏曰：「攝，攝迫乎大國之間也。」由也爲之，比及三年，可使有勇，且知方也。」方，義方也。夫子哂之。馬融曰：「哂，笑也。」「求，爾何如？」對曰：「方六七十，如五六十，求性謙退，言欲得方六七十、如五六十里小國治之而已也。求也爲之，比及三年，可使足民也。如其禮樂，以俟君子。」孔安國曰：「求自云能足民而已，謂衣食足也。若禮樂之化，當以待君子。謙辭也。」「赤，爾何如？」對曰：「非曰能之也，願學焉。宗廟之事，如會同，端章甫，願爲小相焉。」鄭玄曰：「我非自言能也，願學爲之。宗廟之事，謂祭祀也。諸侯時見曰會，殷見曰同。端，玄端也。衣玄端，冠章甫，諸侯日視朝之服也。小相，謂相君之禮者也。」「點，爾何如？」鼓瑟希，孔安國曰：「思所以對，故音希也。」鏗爾，舍瑟而作，對曰：「異乎三子者之撰。」孔安國曰：「置瑟起對也。撰，具也，爲政之具也。鏗爾者，投瑟之聲也。」子曰：「何傷乎？亦各言其志也。」孔安國曰：「各言己志，於義無傷之。」曰：「暮春者，春服既成，得冠者五六人，❶童子六七人，浴乎沂，風乎舞雩，詠而歸。」苞氏曰：「暮春者，季春三月也。春服既成者，衣單袷之時也。我欲得冠者五六人，童子六七人，浴於沂水之上，風涼於舞雩之下，歌詠先王之道，歸夫子之門也。」夫子喟然歎曰：「吾與點也。」周生烈曰：「善點之獨知時之。」❷三子者出，曾晳後。曾晳曰：「夫三子者之言何如？」子曰：「亦各言其志也已矣。」曰：「夫子何哂由也？」子曰：「爲國以禮，其言不讓，是故哂之。」苞氏曰：「爲國以禮，禮貴讓。子路言不讓，故笑之。」「唯求則非邦也與？」「安見方六七十如五六十而非邦也者？」「唯赤則非邦也與？」「宗廟之事，如會同，非諸侯如之何？孔安國曰：「明皆諸侯之事，與子路同，徒笑子路不讓也。」赤也爲之小，孰能爲之大相？」❸孔安國曰：「赤謙言小相耳，孰能爲大相者也？」

---

❶「得」，邢本無此字。

❷下「之」字，皇本作「也」，邢本無此字。

❸「相」，邢本無此字。

論語顔淵第十二

何晏集解凡廿四章

〇顔淵問仁。子曰：「尅己復禮爲仁。馬融曰：「尅己，約身也。」孔安國曰：「復，反也。身能反禮則爲仁矣。」一日尅己復禮，天下歸仁焉。馬融曰：「一日猶見歸，况終身乎？」爲仁由己，而由人乎哉？」孔安國曰：「行善在己，不在人也。」顔淵曰：「請問其目。」苞氏曰：「知其必有條目，故請問之也。」子曰：「非禮勿視，非禮勿聽，非禮勿言，非禮勿動。」鄭玄曰：「此四者，尅己復禮之目。」顔淵曰：「回雖不敏，請事斯語矣。」王肅曰：「敬事此語，必行之。」

〇仲弓問仁。子曰：「出門如見大賓，使民如承大祭。孔安國曰：「仁之道，莫尚乎敬也。」己所不欲，勿施於人。在邦無怨，在家無怨。」苞氏曰：「在邦爲諸侯也，在家爲鄉大夫也。」仲弓曰：「雍雖不敏，請事斯語矣。」

〇司馬牛問仁。子曰：「仁者其言也訒也。」孔安國曰：「訒，難也。牛，宋人也，弟子司馬犂也。」曰：「其言也訒，斯可謂之仁已矣乎？」子曰：「爲之難，言之得無訒乎？」

孔安國曰：「行仁難，言仁亦不得不難矣。」

○司馬牛問君子。子曰：「君子不憂不懼。」孔安國曰：「牛兄桓魋將爲亂，牛自宋來學，常憂懼，故孔子解之。」曰：「不憂不懼，斯可謂君子已乎？」子曰：「内省不疚，夫何憂何懼？」苞氏曰：「疚，病也。内省無罪惡，無可憂懼也。」

○司馬牛憂曰：「人皆有兄弟，我獨亡。」鄭玄曰：「牛兄桓魋行惡，死亡無日，我爲無兄弟也。」子夏曰：「商聞之矣，死生有命，富貴在天。君子敬而無失，與人恭而有禮，四海之内皆爲兄弟也。君子何患乎無兄弟也？」苞氏曰：「君子疏惡而友賢，九州之人皆可以禮親之。」

○子張問明。子曰：「浸潤之譖，膚受之愬，不行焉，可謂明也已矣。」鄭玄曰：「譖人之言，如水之浸潤，以漸成人之禍。」馬融曰：「膚受，❶皮膚外語，非其内實也。」浸潤之譖，膚受之愬，不行焉，可謂遠也已矣。」馬融曰：「無此二者，非但爲明，其德行高遠，人莫能及之。」

○子貢問政。子曰：「足食，足兵，使民信之矣。」❷子貢曰：「必不得已而去，於

---

❶「膚受」下，皇本、邢本有「之愬」二字。

❷「使」，皇本作「令」，邢本無此字。

斯三者何先？」曰：「去兵。」曰：❶「必不得已而去，於斯二者何先？」曰：「去食。自古皆有死，民不信不立。」孔安國曰：「死者古今常道，人皆有之，治邦不可失信也。」

○棘子城曰：❷「君子質而已矣，何以文爲矣？」鄭玄曰：「舊説云：棘子城，衛大夫也。」子貢曰：「惜乎，夫子之説君子也，駟不及舌。鄭玄曰：「惜乎夫子之説君子也，過言一出，駟馬追之，不及舌。」文猶質也，質猶文也。虎豹之鞟猶犬羊之鞟也。」孔安國曰：「皮去毛曰鞟，虎豹與犬羊别者，正以毛文異耳。今使文質同者，何以别虎豹與犬羊邪？」

○哀公問於有若曰：「年飢，用不足，如之何？」有若對曰：「盍徹乎？」鄭玄曰：「盍者，何不也。周法十一而税，謂之徹。徹，通也，爲天下通法也。」曰：「二，吾猶不足，如之何其徹也？」孔安國曰：❸「二謂十二而税也。」對曰：「百姓足，君孰與不足？百姓不足，君孰與足？」孔安國曰：「孰，誰也。」

○子張問崇德辨惑。苞氏曰：「辨，别也。」子曰：「主忠信，徙義，崇德也。苞氏曰：

---

❶「曰」上，邢本有「子貢」二字。

❷「城」，邢本作「成」。

❸「孔安國曰」，邢本作「孔曰」，阮校：「案《周禮・匠人疏》引作『鄭曰』。」

「徙義，見義則徙意從之。」❶愛之欲其生也，惡之欲其死也。既欲其生，又欲其死，是惑。❷苞氏曰：「愛惡當有常，一欲生之，一欲死之，是心惑也。」『誠不以富，亦衹以異。』」鄭玄曰：「此《詩・小雅》也。衹，適也。言此行誠不可以致富，適以足爲異耳。取此《詩》之異義以非之也。」

○齊景公問政於孔子。孔子對曰：「君君，臣臣，父父，子子。」孔安國曰：「當此時，陳桓制齊，君不君，臣不臣。❸故以此對也。」公曰：「善哉！信如君不君，臣不臣，父不父，子不子，雖有粟，吾豈得而食諸？」孔安國曰：「言將危也。陳氏果滅齊也。」

○子曰：「片言可以折獄者，其由也與？」孔安國曰：「片，猶偏也。聽訟必須兩辭以定是非，偏信一言以折獄者，唯子路可也。」子路無宿諾。宿，猶豫也。子路篤信，恐臨時多故，故不豫諾也。

○子曰：「聽訟，吾猶人也。苞氏曰：「言與人等。」必也使無訟乎！」王肅曰：「化之

---

❶「意」下，邢本有「而」字。「之」下，皇本有「也」字。
❷「惑」下，皇本、邢本有「也」字。
❸「不臣」下，皇本、邢本有「父不父，子不子」二句。

在前也。」

〇子張問政。子曰：「居之無倦，行之以忠。」王肅曰：「言爲政之道，居之於身無得懈倦，行之於民必以忠信也。」

〇子曰：「君子博學於文，約之以禮，亦可以弗畔矣夫。」弗畔，不違道也。

〇子曰：「君子成人之美，不成人之惡。小人反是。」

〇季康子問政於孔子。孔子對曰：「政者，正也。子帥而正，孰敢不正？」鄭玄曰：「季康子，魯上卿，諸臣之帥也。」

〇季康子患盜，問於孔子。孔子對曰：「苟子不欲，雖賞之，不竊。」孔安國曰：「欲，情慾也。言民化於上，不從其所令，從其所好也。」

〇季康子問政於孔子曰：「如殺無道，以就有道，何如？」孔安國曰：「就，成也。欲多殺以止姦也。」孔子對曰：「子爲政，焉用殺？子欲善而民善矣。君子之德風也，小人之德草也，草尚之風，必偃。」孔安國曰：「亦欲令康子先自正也。偃，仆。❶加草以風，無不仆者，猶民之化於上也。」

---

❶「仆」下，皇本、邢本有「也」字。

○子張問："士何如斯可謂之達也？"子曰："何哉爾所謂達者矣？"子張對曰："在邦必聞，在家必聞。"鄭玄曰："言士之所在，皆能有名譽也。"子曰："是聞也，非達也。夫達者，質直而好義，察言而觀色。慮以下人。馬融曰："常有謙退之志，察言語，見顏色，知其所欲，其念慮常欲以下人也。"❶在邦必達，在家必達。馬融曰："謙尊而光，卑而不可踰也。"夫聞者，色取仁而行違，居之不疑。馬融曰："此言佞人也。佞人假仁者之色，行之則違，安居其僞而不自疑者也。"在邦必聞，在家必聞。"馬融曰："佞人黨多也。"

○樊遲從遊於舞雩之下，苞氏曰："舞雩之處，有壇墠樹木，故其下可遊也。"曰："敢問崇德、脩慝、辨惑。"孔安國曰："慝，惡也。脩，治也。治惡爲善也。"子曰："善哉問！先事後得，非崇德與？孔安國曰："先勞於事，然後得報也。"攻其惡，毋攻人之惡，非脩慝與？一朝之忿，忘其身以及其親，非惑與？"

○樊遲問仁。子曰："愛人。"問知。子曰："知人。"樊遲未達。子曰："舉直錯諸枉，能使枉者直。"苞氏曰："舉正直之人用之，廢置邪枉之人，則皆化爲直也。"樊遲退，見

❶ "念"，邢本作"志"。

子夏曰：「鄉也，吾見於夫子而問知，子曰：『舉直錯諸枉，能使枉者直。』何謂也？」子夏曰：「富哉是言乎！孔安國曰：「富，盛也。」舜有天下，選於衆，舉皋陶，不仁者遠矣。湯有天下，選衆，❶舉伊尹，不仁者遠矣。」孔安國曰：「言舜、湯有天下，選擇於衆，舉皋陶、伊尹，則不仁者遠矣，仁者至矣。」

○子貢問友。子曰：「忠告而以善導之，❷否則止，無自辱焉。」苞氏曰：「忠告，以是非告之也。以善導之，不見從則止。必言之，或見辱也。」

○曾子曰：「君子以文會友，孔安國曰：「友以文德合也。」以友輔仁。」孔安國曰：「友有相切磋之道，❸所以輔成己之仁也。」

論語卷第六 經二千六十二字，註一千九百四十六字。

---

❶ 「選」下，皇本、邢本有「於」字，是。

❷ 「以」，邢本無此字。

❸ 「有」，邢本無此字。

論語子路第十三

何晏集解凡卅章

○子路問政。子曰：「先之，勞之。」孔安國曰：「先導之以德，使民信之，然後勞之也。《易》曰：『悅以使民，❶民忘其勞之也。』」❷請益。曰：「無倦。」孔安國曰：「子路嫌其少，故請益。曰無倦者，行此上事，無倦則可也。」

○仲弓爲季氏宰，問政。子曰：「先有司，王肅曰：「言爲政當先任有司而後責其事也。」赦小過，舉賢才。」曰：「焉知賢才而舉之？」曰：「舉爾所知，爾所不知，人其舍諸？」孔安國曰：「汝所不知者，人將自舉之，各舉其所知，則賢才無遺也。」

○子路曰：「衛君待子而爲政，子將奚先？」苞氏曰：「問往將何所先行也。」子曰：「必也正名乎！」馬融曰：「正百事之名也。」子路曰：「有是哉，子之迂也！奚其正？」苞氏曰：「迂，猶遠也。言孔子之言遠於事也。」子曰：「野哉，由也！孔安國曰：「野，猶不達

❶「使」，《周易·兌》作「先」，孔引當誤。

❷「之也」，皇本無「之」字。邢本無此二字，與《周易》同。

也。」君子於其所不知，蓋闕如也。苞氏曰：「君子於其所不知，當闕而勿據，今由不知正名之義而謂之迂遠也。」名不正，則言不順；言不順，則事不成；事不成，則禮樂不興；禮樂不興，則刑罰不中；孔安國曰：❶「禮以安上，樂以移風。二者不行，則有淫刑濫罰也。」刑罰不中，則民無所措手足。故君子名之必可言也，言之必可行也。王肅曰：「所名之事，必可得而明言也。所言之事，必可得而遵行也。」君子於其言，無所苟而已矣。」

〇樊遲請學稼。子曰：「吾不如老農。」請學爲圃。子曰：「吾不如老圃。」馬融曰：「樹五穀曰稼，樹菜蔬曰圃也。」樊遲出。子曰：「小人哉，樊須也！上好禮，則民莫敢不敬；上好義，則民莫敢不服；上好信，則民莫敢不用情。孔安國曰：「情，情實也。言民化其上各以情實應也。」夫如是，則四方之民襁負其子而至矣，焉用稼？」苞氏曰：「禮義與信，足以成德，何用學稼教民乎？負者以器曰襁也。」

〇子曰：「誦《詩》三百，授之以政，不達；使於四方，不能專對；雖多，亦奚以爲？」專，猶獨也。

---

❶「孔安國曰」，皇本作「苞氏曰」。

○子曰：「其身正，不令而行；其身不正，雖令不從。」令，教令也。

○子曰：「魯衛之政，兄弟也。」苞氏曰：「魯，周公之封；衛，康叔之封也。周公、康叔既爲兄弟，康叔睦於周公，其國之政亦如兄弟也。」

○子謂衛公子荆，「善居室。王肅曰：「荆與蘧瑗、史鰌並爲君子也。」始有，曰：『苟合矣。』少有，曰：『苟完矣。』富有，曰：『苟美矣。』」

○子適衛，冉子僕。❶孔安國曰：「孔子之衛，冉有御也。」子曰：「庶矣哉！」孔安國曰：「庶，衆也。言衛民衆多也。」冉有曰：「既庶矣，又何加焉？」曰：「富之。」曰：「既富矣，又何加焉？」曰：「教之。」

○子曰：「苟有用我者，期月而已可也，三年有成。」孔安國曰：「言誠有用我於政事者，期月而可以行其政教，必三年乃有成功也。」

○子曰：「『善人爲邦百年，亦可以勝殘去殺矣。』王肅曰：「勝殘，勝殘暴之人使不爲惡也。去殺，不用刑殺也。」誠哉是言也！」孔安國曰：「古有此言，故孔子信也。」❷

---

❶「冉子」，邢本作「冉有」。

❷「也」，邢本作「之」。

○子曰：「如有王者，必世而後仁。」孔安國曰：「三十年曰世。如有受命王者，必三十年仁政乃成也。」

○子曰：「苟正其身矣，於從政乎何有？不能正其身，如正人何？」

○冉子退朝。周生烈曰：「謂罷朝於魯君也。」子曰：「何晏也？」對曰：「有政。」馬融曰：「政者，有所改更匡正也。」子曰：「其事也，馬融曰：「事者，凡所行常事也。」如有政，雖不吾以，吾其與聞之。」馬融曰：「如有政，非常之事，我爲大夫，雖不見任用，必當與聞之。」

○定公問：「一言而可以興邦，有諸？」孔子對曰：「言不可以若是其幾也。王肅曰：「以其大要，一言不能正興國也。幾，近也。有近一言可興國也。」人之言曰：『爲君難，爲臣不易。』如知爲君之難也，不幾乎一言而興邦乎？」孔安國曰：「事不可一言而成也，知如此則可近也。」曰：「一言而可喪邦，❶有諸？」孔子對曰：「言不可以若是其幾也。人之言曰：『予無樂乎爲君，唯其言而樂莫予違也。』❷孔安國曰：「言無樂於爲君，所樂者，唯樂其言而不見違也。」如其善而莫之違也，不亦善乎？如不善而莫之違也，不幾乎一

---

❶「可」，皇本作「可以」，邢本無此字。

❷「樂」，邢本無此字。

言而喪邦乎？」孔安國曰：「人君所言善，無違之者，則善也。其所言不善，而無敢違之者，則近一言而喪國也。」

〇葉公問政。子曰：「近者悦，遠者來。」

〇子夏爲莒父宰，問政。鄭玄曰：「舊説曰：莒父，魯下邑也。」子曰：「毋欲速，毋見小利。欲速則不達，見小利則大事不成。」孔安國曰：「事不可以速成，而欲其速則不達矣。見小利妨大事，則大事不成也。」

〇葉公語孔子曰：「吾黨有直躬者，孔安國曰：「直躬，直身而行也。」其父攘羊，而子證之。」周生烈曰：「有因而盗曰攘。」孔子曰：「吾黨之直者異於是，父爲子隱，子爲父隱，直在其中矣。」

〇樊遲問仁。子曰：「居處恭，執事敬，與人忠。雖之夷狄，不可棄也。」苞氏曰：「雖之夷狄無禮義之處，猶不可棄去而不行也。」

〇子貢問曰：「何如斯可謂之士矣？」子曰：「行己有恥，孔安國曰：「有恥，有所不爲也。」使於四方，不辱君命，可謂士矣。」曰：「敢問其次。」曰：「宗族稱孝焉，鄉黨稱悌焉。」曰：「敢問其次。」曰：「言必信，行必果，硜硜然小人也。❶抑亦可以爲次矣。」鄭玄曰：「行必果，所欲行必敢爲之。❷硜硜者，小人之貌也。抑亦其次，言可以爲次也。」曰：「今之從政者何如？」子曰：「噫！斗筲之人，何足筭也？」鄭玄曰：「噫，心不平之聲也。筲，竹器，容斗二升者也。筭，數也。」

○子曰：「不得中行而與之，必也狂狷乎！苞氏曰：「中行，行能得其中者也。言不得中行則欲得狂狷也。」狂者進取，狷者有所不爲也。」苞氏曰：「狂者進取於善道，狷者守節無爲。欲得此二人者，以時多進退，取其恒一也。」

○子曰：「南人有言曰：『人而無恒，不可以作巫醫。』孔安國曰：「南人，南國之人也。」鄭玄曰：「言巫醫不能治無常之人也。」善夫！」苞氏曰：「善南人之言也。」「不恒其德，或承之羞。」孔安國曰：「此《易·恒卦》之辭也。言德無常則羞辱承之。」子曰：「不占而已矣。」鄭玄曰：「《易》所以占吉凶也。無恒之人，《易》所不占也。」

○子曰：「君子和而不同，小人同而不和。」君子心和，然其所見各異，故曰不同。小人

❶「也」，皇本、邢本作「哉」。
❷「必」下，邢本有「果」字。

所嗜好者同，然各爭其利，故曰不和也。

○子貢問曰："鄉人皆好之，何如？"子曰："未可也。""鄉人皆惡之，何如？"子曰："未可也。不如鄉人之善者好之，其不善者惡之也。"孔安國曰："善人善己，惡人惡己，是善善明、惡惡著也。"

○子曰："君子易事而難悦也。孔安國曰："不責備於一人，故易事也。"悦之不以道，不悦也。及其使人也，器也。孔安國曰："度才而任官也。"小人難事而易悦也。悦之雖不以道，悦也。及其使人也，求備焉。"

○子曰："君子泰而不驕，小人驕而不泰。"君子自縱泰，似驕而不驕。小人拘忌，而實自驕矜也。

○子曰："剛、毅、木、訥，近仁。"王肅曰："剛，無欲也。毅，果敢也。木，質樸也。訥，遲鈍也。有此四者，近於仁也。"

○子路問曰："何如斯可謂之士矣？"子曰："切切偲偲，怡怡如也，可謂士矣。朋友切切偲偲，兄弟怡怡如也。"馬融曰："切切偲偲，相切責之貌也。怡怡，和順之貌也。"

○子曰：「善人教民七年，亦可以即戎矣。」苞氏曰：「即戎，❶就兵。❷可以攻戰也。」

○子曰：「以不教民戰，是謂棄之。」馬融曰：「言用不習民使之戰，必破敗，是謂棄之也。」

論語憲問第十四

何晏集解凡卌四章❸

○憲問恥。子曰：「邦有道，穀。孔安國曰：「穀，禄也。邦有道，當食其禄也。」邦無道穀，恥也。」孔安國曰：「君無道而在其朝，食其禄，是恥辱也。」

○「剋、伐、怨、欲不行焉，❹可以爲仁矣？」馬融曰：「剋，好勝人也。伐，自伐其功也。怨，忌小怨也。欲，貪欲也。」子曰：「可以爲難矣，仁則吾不知也。」苞氏曰：「此四者行之難

❶「即戎」，邢本作「即就」。

❷「就兵」，邢本作「戎兵」。

❸「卌」，疑爲「卌」之誤。内實分四十七章。皇本、邢本分爲四十四章。

❹「剋伐怨欲不行焉」，皇本、邢本此處連上爲一章，當從。

者，未足以爲仁也。」

○子曰：「士而懷居，不足以爲士矣。」士當志道，不求安。而懷其居，非士也。

○子曰：「邦有道，危言危行。苞氏曰：「危，厲也。邦有道，可以厲言行也。」邦無道，危行言遜。」遜，順也。厲行不隨俗，順言以遠害也。

○子曰：「有德者必有言，德不可以憶中，故必有言也。有言者不必有德。仁者必有勇，勇者不必有仁。」

○南宫适孔安國曰：「适，南宫敬叔，魯大夫也。」問於孔子曰：「羿善射，奡盪舟，孔安國曰：「羿，有窮之君也。篡夏后相之位。其臣寒浞殺之，因其室而生奡。奡多力，能陸地行舟，爲夏后少康所殺也。」俱不得其死然。孔安國曰：「此二子者皆不得以壽終也。」禹、稷躬稼而有天下。」夫子不答。馬融曰：「禹盡力於溝洫，稷播殖百穀，故曰躬稼也。禹及其身，稷及後世，皆王也。适意欲以禹稷比孔子，孔子謙故不答也。」南宫适出，子曰：「君子哉若人！尚德哉若人！」孔安國曰：「賤不義而貴有德，故曰君子也。」

○子曰：「君子而不仁者有矣夫，未有小人而仁者也。」孔安國曰：「雖曰君子，猶未能備也。」

○**子曰：「愛之，能勿勞乎？忠焉，能勿誨乎？」**孔安國曰：「言人有所愛必欲勞來之，有所忠必欲教誨之也。」

○**子曰：「爲命，卑諶草創之，**❶孔安國曰：「卑諶，鄭大夫名也。謀於野則獲，謀於國則否。鄭國將有諸侯之事，則使乘車以適野，而謀作盟會之辭也。」**世叔討論之，行人子羽脩飾，**❷**東里子産潤色之。」**馬融曰：「世叔，鄭大夫游吉也。討，治也。卑諶既造謀，世叔復治而論之，詳而審之也。行人，掌使之官也。子羽，公孫揮也。子産居東里，因以爲號也。更此四賢而成，故鮮有敗事也。」

○**或問子産。子曰：「惠人也。」**孔安國曰：「惠，愛也。子産，古之遺愛也。」**問子西。曰：「彼哉！彼哉！」**馬融曰：「子西，鄭大夫。彼哉彼哉，言無足稱也。」或曰：「楚令尹子西也。」**問管仲。曰：「人也。**猶《詩》言「所謂伊人」也。**奪伯氏駢邑三百，飯蔬食，**❸**没齒無怨言。」**孔安國曰：「伯氏，齊大夫。駢邑，地名也。齒，年也。伯氏食邑三百家，管仲奪之，使至

---

❶「卑」，皇本作「裨」。下注文同。

❷「飾」下，皇本、邢本有「之」字，是。

❸「蔬」，邢本作「疏」，下注文同。

蔬食而没齒無怨言，以當其理故也。」

○子曰：「貧而無怨難，富而無驕易。」

○子曰：「孟公綽爲趙魏老則優，不可以爲藤薛大夫也。」❶孔安國曰：「公綽，魯大夫也。趙魏皆晉卿也。家臣稱老。公綽性寡欲，趙魏貪賢，家老無職，故優。藤薛小國，大夫職煩，故不可爲也。」

○子路問成人。曰：「若臧武仲之智，馬融曰：「魯大夫臧孫紇也。」公綽之不欲，馬融曰：「魯大夫孟公綽也。」卞莊子之勇，周生烈曰：「卞邑大夫也。」冉求之藝，文之以禮樂，孔安國曰：「加之以禮樂文成也。」亦可以爲成人矣。」曰：「今之成人者何必然？見利思義，馬融曰：「義然後取，不苟得也。」見危授命，久要不忘平生之言，亦可以爲成人矣。」孔安國曰：「久要，舊約也。平生，猶少時也。」

○子問公叔文子於公明賈曰：「信乎，夫子不言、不笑、不取乎？」孔安國曰：「公叔文子，衛大夫公孫拔也。文，謚也。」公明賈對曰：「以告者過也。夫子時然後言，人不厭其言也；樂然後笑，人不厭其笑也；義然後取，人不厭其取也。」子曰：「其然？豈

---

❶「藤」，皇本、邢本作「滕」，是。

其然乎？」馬融曰：「美其得道，嫌其不能悉然也。」

○子曰：「臧武仲以防求爲後於魯，雖曰不要君，吾不信也。」孔安國曰：「防，武仲故邑也。爲後，立後也。魯襄公二十三年，武仲爲孟氏所譖，出奔邾，自邾如防，使以大蔡納請曰：❶『紇非敢害也，❷智不足也。非敢私請，苟守先祀，無廢二勳，敢不避邑！』乃立臧爲。紇致防而奔齊。此所謂要君也。」

○子曰：「晉文公譎而不正，鄭玄曰：「譎者，詐也。謂召於天子而使諸侯朝之。仲尼曰：『以臣召君，不可以訓。』故《書》曰：『天王狩于河陽。』是譎而不正也。」**齊桓公正而不譎。」**馬融曰：「伐楚以公義，責苞茅之貢不入，❸問昭王南征不還，是正而不譎也。」

○子路曰：「桓公殺公子糾，召忽死之，管仲不死。曰：『未仁乎？』」孔安國曰：「齊襄公立，無常，鮑叔牙曰：『君使民慢，亂將作矣。』奉公子小白出奔莒。襄公從弟公孫無知殺襄公。管夷吾、召忽奉公子糾出奔魯。齊人殺無知。魯伐齊，納子糾。小白自莒先入，是爲桓公。

---

❶「使」下，皇本、邢本有「爲」字。
❷「敢」，邢本作「能」。
❸「苞」，皇本作「包」。

乃殺子糾，召忽死也。」❶子曰：「桓公九合諸侯，不以兵車，管仲之力也。如其仁，如其仁。」孔安國曰：「誰如管仲之仁矣。」

○子貢曰：「管仲非仁者與？桓公殺公子糾，不能死，又相之。」子曰：「管仲相桓公，霸諸侯，一匡天下，馬融曰：「匡，正也。天子微弱，桓公率諸侯以尊周室，一正天下也。」民到于今受其賜。受其賜者，謂不被髮左衽之惠也。微管仲，吾其被髮左衽矣。馬融曰：「微，無也。無管仲則君不君，臣不臣，皆爲夷狄也。」豈若匹夫匹婦之爲諒也，自經於溝瀆而莫之知也？」王肅曰：「經，經死於溝瀆之中也。管仲、召忽之於公子糾，君臣之義未正成，故死之未足深嘉，不死未足多非。死既難，❷亦在於過厚，故仲尼但美管仲之功，亦不言召忽不當死也。」

○公叔文子之臣大夫僎與文子同升諸公。孔安國曰：「大夫僎本文子家臣也。薦之使與己並爲大夫，同升在公朝也。」子聞之，曰：「可以爲『文』矣。」孔安國曰：「行如是可謚爲

---

❶「也」，邢本作「之」。

❷「死」下，皇本、邢本有「事」字。

文也。」❶

○子曰：❷「衛靈公之無道也。」❸康子曰：「夫如是，奚而不喪？」孔子曰：「仲叔圉治賓客，祝鮀治宗廟，王孫賈治軍旅。夫如是，奚其喪？」孔安國曰：「言君雖無道，所任者各當其才，何爲當亡乎也？」❹

○子曰：「其言之不怍，則其爲之難也。」❺馬融曰：「怍，慙也。內有其實，則言之不慙。積其實者，爲之難也。」

○陳成子殺簡公。孔子沐浴而朝，告於哀公曰：「陳桓殺其君，請討之。」馬融曰：「陳成子，齊大夫陳桓也。將告君，故先齊，齊必沐浴也。」公曰：「告夫二三子。」孔安國曰：「謂三卿也。」孔子曰：「以吾從大夫之後，不敢不告也。君曰『告夫二三子』者！」馬融曰：「我於禮當告君，不當告二三子。君使我往，故復往也。」之二三子告，不可。孔子

❶「行」上，皇本、邢本有「言」字。

❷「曰」，邢本作「言」。

❸「道」下，皇本有「久」字。

❹「乎也」，皇本無「也」字，邢本無此二字。

❺「其」，邢本無此字。「難也」，皇本無「也」字，邢本作「也難」。

曰：「以吾從大夫之後，不敢不告。」馬融曰：「孔子由君命之二三子告，不可，故復以此辭語之而止也。」

○子路問事君。子曰：「勿欺也，而犯之。」孔安國曰：「事君之道，義不可欺，當能犯顏色諫爭也。」

○子曰：「君子上達，小人下達。」本爲上，末爲下也。

○子曰：「古之學者爲己，今之學者爲人也。」孔安國曰：「爲己，履而行之。無爲人徒能言之也。」❶

○蘧伯玉使人於孔子。孔子與人坐而問焉，孔安國曰：「伯玉，衛大夫蘧瑗也。」曰：「夫子何爲？」對曰：「夫子欲寡其過而未能也。」言夫子欲寡其過而未能無過也。使者出。子曰：「使乎！使乎！」陳群曰：「再言『使乎』，❷善之也。言使得其人也。」

○子曰：「不在其位，不謀其政。」

---

❶「無」，皇本、邢本無此字。

❷「乎」下，邢本有「者」字。

○曾子曰：❶「君子思不出其位。」

○子曰：「君子恥其言之過其行也。」❷

○子曰：「君子道者三，我無能焉：仁者不憂，知者不惑，勇者不懼。」子貢曰：「夫子自導也。」❸

○子貢方人。孔安國曰：「比方人也。」子曰：「賜也賢乎我夫？❹我則不暇。」孔安國曰：「不暇比方人也。」

○子曰：「不患人之不己知，患己無能也。」王肅曰：「徒患己之無能也。」

○子曰：「不逆詐，不億不信，抑亦先覺者，是賢乎！」孔安國曰：「先覺人情者，是寧能爲賢乎，或時反怨人也。」

○微生畝謂孔子曰：「丘何爲？是栖栖者與？無乃爲佞乎？」苞氏曰：「微生，

---

❶「曾子曰」，皇本、邢本此處連上爲一章。

❷「之」，邢本作「而」。「也」，邢本無此字。

❸「導」，皇本、邢本作「道」。

❹「我」，邢本作「哉」。「夫」，皇本作「夫哉」。

姓也。畝，名也。」**孔子對曰：「非敢爲佞也，疾固也。」**苞氏曰：「疾世固陋，欲行道以化人也。」

○子曰：「驥不稱其力，稱其德也。」鄭玄曰：「德者，謂調良之德也。」

○或曰：「以德報怨，何如？」子曰：「何以報德？德，恩惠之德也。**以直報怨，以德報德。」**

○子曰：「莫我知也夫！」子貢曰：「何爲其莫知子也？」子貢怪夫子言何爲莫知己，故問也。**子曰：「不怨天不尤人，**馬融曰：「孔子不用於世而不怨天，人不知己亦不尤人也。」**下學而上達，**孔安國曰：「下學人事，上知天命也。」**知我者其天乎？」**聖人與天地合其德，故曰唯天知己也。

○公伯寮愬子路於季孫。馬融曰：「愬，譖也。伯寮，魯人，弟子也。」**子服景伯以告。**馬融曰：「魯大夫子服何忌也。告，告孔子也。」**曰：「夫子固有惑志。**孔安國曰：「季孫信讒，恚子路也。」**於公伯寮也，吾力猶能肆諸市朝。**鄭玄曰：「吾勢能辨子路之無罪於季孫，使之誅伯寮而肆之也。有罪既刑，陳其尸曰肆也。」**子曰：「道之將行也，與命也；道之將廢也，與命也。公伯寮其如命何？」**

○子曰：「**賢者避世**，孔安國曰：「世主莫得而臣之也。」**其次避地**，馬融曰：「去亂國，適治邦也。」**其次避色**，孔安國曰：「色斯舉也。」**其次避言**。」孔安國曰：「有惡言乃去也。」

○子曰：❶「**作者七人矣**。」苞氏曰：「作，爲也。爲之者凡七人，謂長沮、桀溺、丈人、石門、荷蕢、儀封人、楚狂接輿也。」

○**子路宿於石門**，**石門晨門曰**：❷「**奚自**？」晨門者，閽人也。**子路曰**：「**自孔氏**。」曰：「**是知其不可而爲之者與**？」苞氏曰：「言孔子知世不可爲而强爲之也。」

○**子擊磬於衛**，**有荷蕢而過孔子之門者**，**曰**：「**有心哉**，**擊磬乎**！」蕢，草器也。有心，謂契契然也。**既而曰**：「**鄙哉**，**硜硜乎莫己知也**，**斯己而已矣**。此硜硜，❸徒信己而已。言亦無益也。**深則厲**，**淺則揭**。」苞氏曰：「以衣涉水爲厲。揭，揭衣。言隨世以行己，若遇水必以濟，知其不可，則當不爲也。」**子曰**：「**果哉**，**末之難矣**！」未知己志而便譏己，所以爲果也。末，無也。無以難者，以其不能解己道也。

---

❶「子曰」，皇本、邢本此處連上爲一章。

❷「石門」，邢本無此二字。

❸「硜硜」下，邢本有「者」字。

○子張曰：「《書》云『高宗諒陰，三年不言』，何謂也？」孔安國曰：「高宗，殷之中興王武丁也。諒，信也。陰，猶默也。」子曰：「何必高宗，古之人皆然。君薨，百官總己，馬融曰：「己，❶己百官也。」以聽於冢宰三年。」孔安國曰：「冢宰，天官，❷佐王治者也。三年喪畢，然後王自聽政也。」

○子曰：「上好禮，則民易使也。」民莫敢不敬，故易使之也。❸

○子路問君子。子曰：「脩己以敬人。」❹孔安國曰：「敬其身也。」曰：「如斯而已乎？」曰：「脩己以安人。」孔安國曰：「人，謂朋友、九族也。」曰：「如斯而已乎？」曰：「脩己以安百姓。脩己以安百姓，堯舜其猶病諸？」孔安國曰：「病，猶難也。」

○原壤夷俟，馬融曰：「原壤，魯人，孔子故舊也。夷，踞也。俟，待也。踞待孔子也。」子曰：「幼而不遜悌，長而無述焉，老而不死，是爲賊。」賊，爲賊害也。❺以杖叩其脛。孔

---

❶「己己百官也」，皇本同，邢本作「己百官」。

❷「官」下，皇本、邢本有「卿」字。

❸「之」，皇本、邢本無此字。

❹「人」，皇本、邢本無此字，是，孔注可證。

❺「爲」，皇本、邢本作「謂」。「也」，皇本、邢本無此字。

安國曰：「叩，擊也。脛，脚脛也。」

○闕黨童子將命矣。馬融曰：「闕黨之童子將命者，傳賓主之語出入之也。」❶或問之曰：「益者與？」子曰：「吾見其踞於位也，❷童子隅坐無位，成人乃有位也。見其與先生並行也。非求益者也，欲速成者也。」苞氏曰：「先生，成人也。並行，不差在後也，違禮。欲速成者也，則非求益者也。」

論語卷第七 經二千三百九十四字，注二千五百五十六字。

❶「之也」，皇本無「之」字，邢本無此二字。

❷「踞」，皇本、邢本作「居」。

論語衛靈公第十五

何晏集解凡卅章❶

○衛靈公問陳於孔子。孔安國曰：「軍陳，行列之法也。」孔子對曰：「俎豆之事，則嘗聞之矣；孔安國曰：「俎豆，禮器也。」軍旅之事，未之學也。」鄭玄曰：「萬二千五百人爲軍，五百人爲旅。軍旅末事，本未立則不可教以末事也。」明日遂行。在陳絶糧，❷從者病，莫能興。孔安國曰：「從者，弟子也。興，起也。孔子去衛如曹，曹不容。又之宋，遭匡人之難。又之陳，會吴伐陳，陳亂，故乏食也。」子路愠見曰：「君子亦窮乎？」❸子曰：「君子固窮，小人窮斯濫矣。」濫，溢也。君子固亦有窮時，但不如小人窮濫溢爲非也。❹

○子曰：「賜也，汝以予爲多學而識之者與？」對曰：「然，孔安國曰：「然，謂多學而

---

❶「凡卅章」，内實分四十一章。邢本分爲四十二章。

❷「在陳絶糧」，邢本分此下爲另一章。

❸「亦」下，皇本、邢本有「有」字。

❹「窮」下，皇本、邢本有「則」字。

識之也。」非與？」孔安國曰：「問今不然邪也？」❶**曰：「非也，予一以貫之。」**善有元，事有會，天下殊塗而同歸，百慮而一致，知其元則衆善舉矣。故不待多學，一以知之也。

○子曰：「由，知德者鮮矣。」王肅曰：「君子固窮，而子路愠見，故謂之少於知德者也。」

○子曰：「無爲而治者，其舜也與？夫何爲哉？恭己正南面而已矣。」言任官得其人，故無爲而治也。

○子張問行。子曰：「言忠信，行篤敬，雖蠻貊之邦，行矣。言不忠信，行不篤敬，雖州里，行乎哉？鄭玄曰：「萬二千五百家爲州，五家爲鄰，五鄰爲里。行乎哉，言不可行也。」**立則見其參然於前也，在輿則見其倚於衡也，夫然後行也。」**苞氏曰：「衡，扼也。言思念忠信，立則常想見參然在前，在輿則若倚衡扼也。」**子張書諸紳。**孔安國曰：「紳，大帶也。」

○子曰：「直哉史魚！孔安國曰：「衛大夫史鰌也。」**邦有道，如矢；邦無道，如矢。**孔安國曰：「有道無道，行直如矢不曲也。」❷**君子哉蘧伯玉！邦有道，則仕；邦無道，則可卷而懷也。」**苞氏曰：「卷而懷，謂不與時政，柔順不忤於人也。」

---

❶「邪也」，皇本無「邪」字，邢本無此二字。

❷「矢」下，邢本有「言」字。「也」，邢本無此字。

○子曰：「可與言而不與言，失人；不可與言而與言之，❶失言。知者不失人，亦不失言。」

○子曰：「志士仁人，無求生以害仁，有殺身以成仁。」孔安國曰：「無求生而害仁，死而後成仁，則志士仁人不愛其身也。」

○子貢問爲仁。子曰：「工欲善其事，必先利其器。居是邦也，事其大夫之賢者，友其士之仁者也。」孔安國曰：「言工以利器爲用，人以賢友爲助也。」

○顏淵問爲邦。子曰：「行夏之時，據見萬物之生，以爲四時之始，取其易知也。乘殷之輅，馬融曰：「殷車曰大輅。《左傳》曰：『大輅越席也，昭其儉也。』」服周之冕，苞氏曰：「冕，禮冠也。周之禮文而備也。取其黈纊塞耳，不任視聽也。」樂則《韶》舞，《韶》，舜樂也。盡善盡美，故取之。放鄭聲，遠佞人。鄭聲淫，佞人殆。」孔安國曰：「鄭聲、佞人，亦俱能感人心，與雅樂、賢人同。而使人淫乱、危殆，故當放遠也。」❷

❶「言之」，皇本、邢本作「之言」。

❷「遠也」，皇本作「遠之也」，邢本作「遠之」。

○子曰：「人而無遠慮，❶必有近憂。」

○子曰：「已矣乎！吾未見好德如好色者也。」

○子曰：「臧文仲其竊位者與！知柳下惠之賢，而不與立也。」孔安國曰：「柳下惠，展禽也。知其賢而不舉，爲竊位也。」

○子曰：「躬自厚而薄責於人，則遠怨矣。」孔安國曰：「自責己厚，❷責人薄，所以遠怨咎也。」

○子曰：「不曰『如之何，孔安國曰：「不曰如之何者，猶不曰奈是何也。」如之何』者，吾未如之何也已矣。」孔安國曰：「如之何者，言禍難已成，吾亦無如之何也。」

○子曰：「群居終日，言不及義，好行小慧，難矣哉！」鄭玄曰：「小慧，謂小小才知也。難矣哉，言終無成也。」

○子曰：「君子義以爲質，禮以行之，遜以出之，信以成之。君子哉！」

○子曰：「君子病無能焉，不病人之不己知也。」

---

❶ 「而」，邢本無此字。

❷ 「自」，邢本無此字。

○子曰："君子疾没世而名不稱焉。"疾，猶病也。

○子曰："君子求諸己，小人求諸人。"君子責己，小人責人也。

○子曰："君子矜而不爭，苞氏曰："矜，矜莊也。"群而不黨。"孔安國曰："黨，助也。君子雖衆，不相私助，義之與比之也。"❶

○子曰："君子不以言舉人，苞氏曰："有言者不必有德，故不可必言舉人也。"不以人廢言。"

○子貢問曰："有一言而可以終身行者乎？"子曰："其恕乎！己所不欲，勿施於人也。"

○子曰："吾之於人也，誰毁誰譽？如有可譽者，❷其有所試矣。苞氏曰："所譽輒試以事，不空譽而已矣。"斯民也，三代之所以直道而行也。"馬融曰："三代，夏、殷、周也。用民如此，無所阿私，所以云直道而行也。"

○子曰："吾猶及史之闕文也。苞氏曰："古之史於書字有疑則闕之，以待知者也。"有

---

❶ "之也"，皇本無"之"字，邢本無此二字。

❷ "可"，邢本作"所"。

馬者借人乘之，今則亡矣夫。」苞氏曰：「有馬不能調良，則借人使習之。孔子自謂及見其人如此，至今無有矣。言此者，以俗多穿鑿也。」

○子曰：「巧言亂德，小不忍亂大謀。」❶孔安國曰：「巧言利口則亂德義，小不忍則亂大謀也。」

○子曰：「衆惡之，必察焉；衆好之，必察焉。」王肅曰：「或衆阿黨比周，或其人特立不群，故好惡不可不察也。」

○子曰：「人能弘道，非道弘人也。」材大者道隨大，❷材小者道隨小，故不能弘人也。

○子曰：「過而不改，是謂過矣。」

○子曰：「吾嘗終日不食，終夜不寢，以思，無益，不如學也。」

○子曰：「君子謀道不謀食。耕也，餒在其中矣；學也，禄在其中矣。君子憂道

---

❶「忍」下，皇本、邢本有「則」字。

❷「材」，邢本作「才」，且上有「王曰」二字。

不憂貧也。」鄭玄曰：「餒，餓也。言人雖念耕而不學，❶故飢餓。學則得禄，雖不耕而不飢。❷勸人學也。」❸

○**子曰：「知及之，仁不能守之，雖得之，必失之。**苞氏曰：「知能及治其官，而仁不能守，雖得之，必失之也。」**知及之，仁能守之，不莊以涖之，則民不敬。**苞氏曰：「不嚴以臨之，則民不敬從上也。」**知及之，仁能守之，莊以涖之，動之不以禮，未善也。」**王肅曰：「動必以禮，然後善也。」

○**子曰：「君子不可小知而可大受也，小人不可大受也而可小知也。」**君子之道深遠，❹不可以小了知而可大受也。小人之道淺近，可以小了知而不可大受也。

○**子曰：「民之於仁也，甚於水火。**馬融曰：「水火與仁皆民所仰而生者也，❺仁最爲甚也。」**水火吾見蹈而死者矣，未見蹈仁而死者也。」**馬融曰：「蹈水火，或時殺人。蹈仁，未嘗

❶「而」下，皇本有「與」字。
❷「飢」，皇本作「飢餓」，邢本作「餒」。
❸「勸」上，邢本有「此」字。「也」，邢本無此字。
❹「君子」上，邢本有「王曰」二字。
❺「皆」，邢本作「故」，誤。

殺人也。」

○子曰：「當仁不讓於師。」孔安國曰：「當行仁之事，不復讓於師。行仁急也。」❶

○子曰：「君子貞而不諒。」孔安國曰：「貞，正也。諒，信也。君子之人正其道耳，言不必信也。」❷

○子曰：「事君，敬其事而後其食。」孔安國曰：「先盡力，然後食祿也。」❸

○子曰：「有教無類。」馬融曰：「言人在見教，❹無有種類也。」

○子曰：「道不同，不相爲謀。」

○子曰：「辭達而已矣。」凡事莫過於實足也。❺辭達則足矣，不煩文艷之辭也。

○師冕見，孔安國曰：「師，樂人盲者也，名冕也。」及階，子曰：「階也。」及席也，❻子

---

❶「行」上，邢本有「言」字。

❷「必」下，皇本有「有」字，邢本有「小」字。「也」，邢本無此字。

❸「然」，邢本作「而」。

❹「人」下，邢本有「所」字。

❺「凡」上，皇本有「孔安國曰」四字，邢本有「孔曰」二字。「足也」，邢本無此二字。

❻「也」，皇本、邢本無此字。

曰：「席也。」皆坐，子告之曰：「某在斯，某在斯。」孔安國曰：「歷告以坐中人姓字及所在處也。」師冕出。子張問曰：「與師言之道與？」子曰：「然，固相師之道也。」馬融曰：「相，導也。」

論語季氏第十六　何晏集解凡十四章

○季氏將伐顓臾。冉有、季路見於孔子曰：「季氏將有事於顓臾。」孔安國曰：「顓臾，宓羲之後，風姓之國，本魯之附庸，當時臣屬魯。季氏貪其地，欲滅而有之。冉有與季路爲季氏臣，來告孔子也。」孔子曰：「求！無乃爾是過與？孔安國曰：「冉求爲季氏宰，相其室，爲之聚斂，故孔子獨疑求教也。」❶夫顓臾，昔者先王以爲東蒙主，孔安國曰：「使主祭蒙山也。」且在邦域之中矣，孔安國曰：「魯七百里之邦，顓臾爲附庸，在其域中也。」是社稷之臣也。何以爲伐也？」❷孔安國曰：「已屬魯爲社稷之臣，何用滅之爲也？」冉有曰：「夫子欲

❶「也」，邢本作「之」。

❷「爲伐也」，邢本作「伐爲」。

之，吾二臣者皆不欲也。」孔安國曰：「歸咎於季氏也。」孔子曰：「求！周任有言曰：『陳力就列，不能者止。』馬融曰：「周任，古之良吏也。言當陳才事，❶度己所任，以就其位，不能則當止也。」危而不持，顛而不扶，則將焉用彼相矣？苞氏曰：「言輔相人者，當持危扶顛，若不能，何用相爲也？」且爾言過矣，虎兕出於柙，龜玉毁櫝中，❷是誰之過與？」馬融曰：「柙，檻也。櫝，櫃也。非典守者之過邪也？」冉有曰：「今夫顓臾固而近於費，馬融曰：「固，謂城郭完堅，兵甲利也。費，季氏之邑也。」今不取，後世必爲子孫憂。」孔子曰：「求！君子疾夫孔安國曰：「疾如汝之言也。」舍曰欲之而必更爲之辭。孔安國曰：「舍其貪利之説，更作佗辭，是所疾也。」丘也聞有國有家者，不患寡而患不均，孔安國曰：「國者，諸侯；家者，卿大夫也。不患土地人民之寡少，患政治之不均平。」不患貧而患不安，孔安國曰：「憂不能安民耳。民安則國富也。」蓋均無貧，和無寡，安無傾。苞氏曰：「政教均平，則不患貧矣。❸上下和同，不患寡矣。小大安寧，不傾危也矣。」夫如是，故遠人不服則修文德以來之。既

❶「陳才事」，皇本、邢本作「陳其才力」。
❷「毁」下，邢本有「於」字。
❸「患」，邢本無此字。

來之，則安之。今由與求也相夫子，遠人不服，而不能來也；邦分崩離析，而不能守也；孔安國曰：「民有異心曰分，欲去曰崩，不可會聚曰離析也。」而謀動干戈於邦内，孔安國曰：「干，楯也。戈，戟也。」吾恐季孫之憂不在於顓臾，而在蕭牆之内也。」鄭玄曰：「蕭之言肅也。蕭牆，謂屏也。君臣相見之禮，至屏而加肅敬焉，是以謂之蕭牆。後季氏之家臣陽虎果囚季桓子也。」

○孔子曰：「天下有道，則禮樂征伐自天子出。天下無道，則禮樂征伐自諸侯出。自諸侯出，蓋十世希不失矣。孔安國曰：「希，少也。周幽王爲犬戎所殺，平王東遷，周始微弱。諸侯自作禮樂，專征伐，❶始於隱公。至昭公十世失政，死於乾侯也。」❷自大夫出，五世希不失矣；孔安國曰：「季文子初得政，至桓子五世，爲家臣陽虎所囚也。」陪臣執國命，三世希不失矣。馬融曰：「陪，重也，謂家臣也。陽氏爲季氏家臣，至虎三世，而出奔齊也。」天下有道，則政不在大夫。孔安國曰：「制之由君也。」天下有道，則庶人不議。」孔安國曰：「無所非議也。」」

---

❶「專」下，皇本、邢本有「行」字。

❷「於」，皇本無此字。「也」，皇本無此字，邢本作「矣」。

○孔子曰：「禄之去公室五世矣，鄭玄曰：「言此之時魯定公之初也，魯自東門襄仲殺文公之子赤而立宣公，於是政在大夫，爵禄不從君出，至定公爲五世也。」❶政逮大夫四世矣，鄭玄曰：「文子、武子、悼子、平子也。」故夫三桓之子孫微矣。」孔安國曰：「三桓者，謂仲孫、叔孫、季孫也。三卿皆出桓公也，故曰三桓也。仲孫氏改其氏稱孟氏。至哀公皆衰也。」

○孔子曰：「益者三友，損者三友。友直，友諒，友多聞，益矣。友便僻，馬融曰：「便巧辟人所忌，❷以求容媚也。」❸友善柔，馬融曰：「面柔也。」友便佞，損矣。」鄭玄曰：「便，辨也。謂佞而辨也。」

○孔子曰：「益者三樂，損者三樂。樂節禮樂，動得禮樂之節也。樂道人之善，樂多賢友，益矣。樂驕樂，孔安國曰：「恃尊貴以自恣也。」樂佚遊，王肅曰：「佚遊，出入不知節也。」樂宴樂，損矣。」孔安國曰：「宴樂，沈荒淫瀆也。三者自損之道也。」

○孔子曰：「侍於君子有三愆：孔安國曰：「愆，過也。」言未及之而言謂之躁，鄭玄

---

❶ 「也」，皇本、邢本作「矣」。

❷ 「便」下，皇本、邢本有「辟」字。「辟人」，皇本作「避人」。「人」下，邢本有「之」字。

❸ 「媚」下，皇本有「者」字。「也」，邢本無此字。

曰：「躁，不安静也。」言及之不言謂之隱，孔安國曰：「隱匿不盡情實也。」未見顔色而言謂之瞽。」周生烈曰：「未見君子顔色所趣向而便逆先意語者，猶瞽者也。」❶

○孔子曰：「君子有三戒：少之時，血氣未定，戒之在色；及其壯也，血氣方剛，戒之在鬭；及其老也，血氣既衰，戒之在得。」孔安國曰：「得，貪得也。」

○孔子曰：「君子有三畏：畏天命，順吉逆凶，天之命也。畏大人，大人，即聖人，與天地合其德者也。❷畏聖人之言。深遠不可易知則聖人之言也。❸小人不知天命而不畏也，恢疏，故不知畏也。狎大人，直而不肆，故狎之也。侮聖人之言。」不可小知，故侮之也。

○孔子曰：「生而知之者，上也；學而知之者，次也；困而學之，又其次也；孔安國曰：「困，謂有所不通之也。」❹困而不學，民斯爲下矣。」

○孔子曰：「君子有九思：視思明，聽思聰，色思温，貌思恭，言思忠，事思敬，疑

---

❶「者」，邢本無此字。

❷「者也」，邢本無此二字。

❸「知」，皇本無此字。「則」，邢本作「測」。

❹「之也」，皇本無「之」字，邢本無此二字。

思問，忿思難，見得思義。」

○孔子曰：「見善如不及，見不善如探湯。吾見其人矣，吾聞其語。❶ 孔安國曰：「探湯，喻去惡疾也。」隱居以求其志，行義以達其道。吾聞其語矣，未見其人也。」

○齊景公有馬千駟，死之日，民無得而稱焉。孔安國曰：「千駟，四千匹也。」伯夷、叔齊餓于首陽之下，馬融曰：「首陽山在河東蒲坂，❷華山之北，河曲之中也。」民到于今稱之，其斯謂與？❸ 王肅曰：「此所謂以德爲稱者也。」

○陳亢問於伯魚曰：「子亦有異聞乎？」馬融曰：「以爲伯魚，孔子之子，所聞當有異也。」對曰：「未也。嘗獨立，孔安國曰：「獨立，謂孔子也。」鯉趨而過庭。曰：『學《詩》乎？』對曰：『未也。』曰：『不學《詩》，無以言也。』鯉退而學《詩》。他日，又獨立，鯉趨而過庭。曰：『學禮乎？』對曰：『未也。』『不學禮，無以立也。』鯉退而學禮。聞斯

---

❶「語」下，皇本、邢本有「矣」字。

❷「坂」下，皇本、邢本有「縣」字。

❸「斯」下，皇本、邢本有「之」字。

二矣。」❶陳亢退，❷喜曰：「問一得三，聞《詩》，聞禮，又聞君子之遠其子也。」

○邦君之妻，君稱之曰夫人，夫人自稱曰小童，邦人稱之曰君夫人，稱諸異邦曰寡小君。異邦人稱之亦曰君夫人也。孔安國曰：「小君，君夫人之稱也。對異邦謙，故曰寡小君。當此時，諸侯嫡妾不正，稱號不審，故孔子正言其禮也。」

論語卷第八　經一千七百七十四字，註一千九百七十字。

---

❶「二」下，皇本、邢本有「者」字。

❷「退」下，皇本、邢本有「而」字，則連下讀。

論語陽貨第十七

何晏集解凡廿四章❶

○陽貨欲見孔子，孔子不見，孔安國曰：「陽貨，陽虎也。季氏家臣，而專魯國之政。欲見孔子，使仕也。」**歸孔子豚。**孔安國曰：「欲使往謝，故遺孔子豚也。」**孔子時其亡也，而往拜之，遇諸塗。**孔安國曰：「塗，道也。於道路與相逢也。」**謂孔子曰：「來！予與爾言。」曰：「懷其寶而迷其邦，可謂仁乎？」曰：「不可。」**馬融曰：「言孔子不仕，是懷寶也。知國不治而不爲政，是迷邦也。」**「好從事而亟失時，可謂智乎？」曰：「不可。」**孔安國曰：「言孔子栖栖好從事，而數不遇，失時，不爲有智也。」❷**「日月逝矣，歲不我與！」**馬融曰：「年老，歲月已往，當急仕也。」**孔子曰：「諾，吾將仕矣。」**孔安國曰：「以順辭免害也。」

○子曰：「性相近也，習相遠也。」孔安國曰：「君子慎所習也。」

---

❶ 「凡廿四章」，内實分二十五章。

❷ 「不」下，邢本有「得」字。

○子曰：「唯上智與下愚不移。」孔安國曰：「上智不可强使爲惡，❶下愚不可使强賢也。」

○子之武城，聞絃歌之聲。孔安國曰：「子游爲武城宰。」夫子莞爾而笑，莞爾，小笑貌。曰：「割鷄焉用牛刀？」孔安國曰：「言治小何須用大道。」子游對曰：「昔者偃也聞諸夫子曰：『君子學道則愛人，小人學道則易使。』」孔安國曰：「道，禮樂也。樂以和人，人和則易使也。」子曰：「二三子！孔安國曰：「從行者也。」偃之言是也。前言戲之耳。」孔安國曰：「戲以治小而用大道。」

○公山不擾以費畔，召，子欲往。孔安國曰：「不擾爲季氏宰，與陽虎共執季桓子，而召孔子也。」子路不悦，曰：「末之也已，何必公山氏之之也？」孔安國曰：「之，適也。無可之則止耳，何必公山氏之適。」❷子曰：「夫召我者，而豈徒哉？如有用我者，吾其爲東周乎？」興周道於東方，故曰東周。

○子張問仁於孔子。孔子對曰：「能行五者於天下爲仁矣。」「請問之。」曰：

---

❶「强使」，皇本作「使强」，邢本無「强」字。

❷「適」下，皇本有「者也」二字。

「恭、寬、信、敏、惠也。恭則不侮，孔安國曰：「不見侮慢也。」寬則得衆，信則人任焉，敏則有功，孔安國曰：「應事疾則多成功也。」惠則足以使人。」

○佛肸召，子欲往。孔安國曰：「晋大夫趙簡子之邑宰。」子路曰：「昔者由也聞諸夫子曰：『親於其身爲不善者，君子不入。』❶不入其國。❷佛肸以中牟叛，子之往也，如之何？」子曰：「然，有是言。曰：❸『不曰堅乎，磨而不磷。不曰白乎，涅而不緇。』孔安國曰：「磷，薄也。涅，可以染皂者。言至堅者磨之而不薄，至白者染之涅不黑，君子雖在濁亂，❹濁亂不能污也。」吾豈匏瓜也哉？焉能繫而不食？」匏，瓠也。言瓠匏瓜得繫一處者，❺不食故也。吾自食物，當東西南北，不得如不食之物繫滯一處也。

---

❶「入」下，皇本、邢本有「也」字。

❷「不」上，皇本有「孔安國曰」四字，邢本有「孔曰」二字。

❸「曰」，邢本無此字。

❹「君」上，皇本、邢本有「喻」字。

❺「瓠匏瓜」，皇本作「匏瓜」，邢本作「瓠瓜」。

〇子曰：「由也！❶汝聞六言六蔽矣乎？」六言六蔽，下六事，❷謂仁、智、信、直、勇、剛也。對曰：「未也。」「居！❸吾語汝。孔安國曰：「子路起對，故使還坐也。」好仁不好學，其蔽也愚；孔安國曰：「仁者愛物，不知所以裁之則愚。」好知不好學，其蔽也蕩；孔安國曰：「蕩，無所適守也。」好信不好學，其蔽也賊；孔安國曰：「父子不知相爲隱之輩。」好直不好學，其蔽也絞；好勇不好學，其蔽也亂；好剛不好學，其蔽也狂。」孔安國曰：「狂妄抵觸人。」

〇子曰：「小子何莫學夫《詩》？苞氏曰：「小子，門人也。」《詩》可以興，孔安國曰：「興，引譬連類。」可以觀，鄭玄曰：「觀，觀風俗之盛衰。」可以群，孔安國曰：「群居相切磋也。」可以怨，孔安國曰：「怨刺上政。」邇之事父，遠之事君，孔安國曰：「邇，近也。」多識於鳥獸草木之名。」

〇子謂伯魚曰：「女爲《周南》《邵南》矣乎？人而不爲《周南》《邵南》，其猶正牆

---

❶「也」，皇本無此字。

❷「下」上，邢本有「謂」字。

❸「居」上，皇本有「曰」字。

面而立也與？」馬融曰：「《周南》《邵南》，《國風》之始。淑女以配君子，❶三綱之首，王教之端，故人而不爲，如向牆而立。」

○子曰：「禮云禮云，玉帛云乎哉？鄭玄曰：「玉，珪璋之屬。帛，束帛之屬。言禮非但崇此玉帛而已，所貴者，乃貴其安上治民也。」**樂云樂云，鐘鼓云乎哉？」**馬融曰：「樂之所貴者，移風易俗，非謂鐘鼓而已也。」

○子曰：「色厲而内荏，孔安國曰：「荏，柔也，謂外自矜厲而内柔佞者。」**譬諸小人，其猶穿窬之盜也與？」**孔安國曰：「爲人如此，猶小人之有盜心。❷穿，穿壁。窬，窬牆之也。」❸

○子曰：「鄉原，德之賊也。」周生烈曰：「所至之鄉，輒原其人情，而爲己意以待之，是賊亂德者也。」一曰：「鄉，向也，古字同。謂人不能剛毅，而見人輒原其趣向，容媚而合之，言此所以賊德也。」

○子曰：「道聽而塗説，德之棄。」❹馬融曰：「聞之於道路，則傳而説之。」

---

❶「淑」上，皇本有「得」字，邢本有「樂得」二字。

❷「心」下，皇本有「也」字。

❸「之也」，皇本無「之」字，邢本無此二字。

❹「棄」下，皇本、邢本有「也」字。

○子曰：「鄙夫可與事君哉？❶孔安國曰：「言不可與事君。」**其未得之，患得之。**患得之者，患不能得之，楚俗言。**既得之，患失之。苟患失，**❷**無所不至矣。」**鄭玄曰：「無所不至者，言邪媚無所不爲也。」❸

○子曰：「古者民有三疾，今也或是之亡也。苞氏曰：「言古者民疾與今時異也。」**古之狂也肆，**苞氏曰：「肆，極意敢言也。」**今之狂也蕩；**孔安國曰：「蕩，無所據。」**古之矜也廉，**馬融曰：「有廉隅也。」**今之矜也忿戾；**孔安國曰：「惡理多怒。」**古之愚也直，今之愚也詐而已矣。」**

○子曰：「惡紫之奪朱，❹孔安國曰：「朱，正色。紫，間色之好者。惡其邪好而奪正色。」**惡鄭聲之亂雅樂，**苞氏曰：「鄭聲，淫聲之哀者。惡其奪雅樂也。」**惡利口之覆邦家。」**孔安國曰：「利口之人多言少實，苟能悦媚時君，傾覆其國家也。」

---

❶「哉」上，皇本、邢本有「也與」二字。
❷「失」下，皇本、邢本有「之」字。
❸「言」下，邢本有「其」字。
❹「朱」下，皇本、邢本有「也」字。下二句句末亦有「也」字。

〇子曰：「予欲無言。」子貢曰：「子如不言，則小子何述焉？」言之爲益少，故欲無言也。子曰：「天何言哉？四時行焉，百物生焉，天何言哉？」

〇孺悲欲見孔子，孔子辭之以疾。❶將命者出户，取瑟而歌，使之聞之。孺悲，魯人也。孔子不欲見，故辭以疾，爲其將命者不知己，故歌令將命者悟，所以令孺悲思也。

〇宰我問：「三年之喪，期已久矣。君子三年不爲禮，禮必壞；三年不爲樂，樂必崩。舊穀既没，新穀既升，鑽燧改火，期可已矣。」馬融曰：「《周書·月令》有更火。春取榆柳之火，夏取棗杏之火，季夏取桑柘之火，秋取柞楢之火，冬取槐檀之火。一年之中，鑽火各異木，故曰改火也。」子曰：「食夫稻也，衣夫錦也，於女安乎？」曰：「安之。」❷「女安，則爲之。夫君子之居喪，食旨不甘，聞樂不樂，居處不安，故不爲也。今女安，則爲之！」孔安國曰：「旨，美也。責其無仁於親，故再言女安則爲之。」宰我出。曰：❸「予之不仁也！子生三年，然後免於父母之懷。馬融曰：「子生未三歲，爲父母所懷抱也。」夫三年之

---

❶「之」，邢本無此字。
❷「之」，皇本、邢本無此字。
❸「曰」上，皇本、邢本有「子」字。

喪，天下之通喪也，孔安國曰：「自天子達於庶人。」予也有三年之愛於其父母乎！」孔安國曰：「言子之於父母，『欲報之德，昊天罔極』，而予也有三年之愛也。」❶

○子曰：「飽食終日，無所用心，難矣哉！不有博弈者乎？爲之，猶賢乎已。」爲其無所據樂善，生淫慾。

○子路曰：「君子尚勇乎？」子曰：「君子義以爲上，君子有勇而無義爲亂，小人有勇而無義爲盜。」

○子貢問曰：「君子亦有惡乎？」子曰：「有惡。惡稱人之惡者，苞氏曰：「好稱説人惡，所以爲惡也。」惡居下流而訕上者，孔安國曰：「訕，謗毁也。」惡勇而無禮者，惡果敢而窒者。」馬融曰：「窒，窒塞也。」曰：「賜也亦有惡也？」「惡徼以爲智者，孔安國曰：「徼，抄也。抄人之意以爲己有。」惡不遜以爲勇者，惡訐以爲直者。」苞氏曰：「訐謂攻發人之陰私。」

○子曰：「唯女子與小人爲難養也，近之則不遜，遠之則怨。」

○子曰：「年四十而見惡焉，其終也已。」鄭玄曰：「年在不惑，而爲人所惡，終無善行

---

❶ 下「也」字，皇本、邢本作「乎」。

也。」

論語微子第十八

何晏集解凡十一章

○微子去之，箕子爲之奴，比干諫而死。馬融曰：「微、箕，二國名；子，爵也。微子，紂之庶兄。箕子、比干，紂之諸父也。微子見紂無道，早去之。箕子詳狂爲奴。比干以諫而見殺也。」**孔子曰：「殷有三仁焉。」**仁者，愛人。三人行各異，而同稱仁，以其俱在憂亂寧民也。

○柳下惠爲士師，孔安國曰：「士師，典獄之官。」**三黜。人曰：「子未可以去乎？」曰：「直道而事人，焉往而不三黜？**孔安國曰：「苟直道以事人，所至之國俱當復三黜。」**枉道而事人，何必去父母之邦？」**

○齊景公待孔子曰：「若季氏則吾不能，以季孟之間待之。」孔安國曰：「魯三卿，季氏爲上卿，最貴；孟氏爲下卿，不用事。言待之以二者之間。」**曰：「吾老矣，不能用也。」孔子行。**以聖道難成，故云老矣不能用。❶

---

❶「老矣」，邢本作「吾老」。

○齊人歸女樂，季桓子受之，三日不朝。孔子行。孔安國曰：「桓子，季孫斯也。使定公受齊之女樂，君臣相與觀之，廢朝禮三日也。」

○楚狂接輿歌而過孔子之門，❶孔安國曰：「接輿，楚人也。詳狂而來歌，欲以感切孔子。」曰：「鳳兮鳳兮！何德之衰也？孔安國曰：「比孔子於鳳鳥也。鳳鳥待聖君而乃見，非孔子周行求合，故曰衰之也。」往者不可諫也，孔安國曰：「已往所行，不可復諫止。」來者猶可追也。孔安國曰：「自今以來，可追自止，避亂隱居。」已而，已而！今之從政者殆而！」孔安國曰：「已而者，言世亂已甚，不可復治。再言之者，傷之甚也。」❷孔子下，欲與之言。趨而避之，不得與之言。苞氏曰：「下，下車也。」

○長沮桀溺耦而耕。孔子過之，使子路問津焉。鄭玄曰：「長沮桀溺，隱者也。耜廣五寸，二耜爲耦。津，濟渡處。」長沮曰：「夫執輿者爲誰？」子路曰：「爲孔丘。」曰：「是魯孔丘與？」對曰：「是也。」曰：「是知津矣。」馬融曰：「言數周流，自知津處也。」問於桀溺。桀溺曰：「子爲誰？」曰：「爲仲由。」曰：「是魯孔丘之徒與？」對曰：「然。」曰：

❶「之門」，皇本、邢本無此二字。

❷「之也」，皇本無「之」字，邢本無此二字。

「滔滔者天下皆是也，而誰以易之？孔安國曰：「滔滔者，周流之貌也。言當今天下治亂同，空舍此適彼，故曰誰以易之。」且而與其從避人之士，豈若從避世之士哉？」士有避人之法，有避世之法。長沮桀溺謂孔子爲士，從避人之法也。己爲士，則從避世之法也。」耰而不輟。鄭玄曰：「耰，覆種也。輟，止也。覆種不止，不以津告也。」子路行以告。夫子憮然 爲其不達己意，而便非己也。曰：「鳥獸不可與同群也，孔安國曰：「隱居於山林，是與鳥獸同群。」吾非斯人之徒與而誰與？孔安國曰：「吾自當與此天下人同群，安能去人，從鳥獸居乎？」天下有道，丘不與易也。」孔安國曰：「言凡天下有道者，丘皆不與易之，己大而人小故也。」

○子路從而後，遇丈人以杖荷蓧。苞氏曰：「丈人，老者也。蓧，竹器名也。」子路問曰：「子見夫子乎？」丈人曰：「四體不勤，五穀不分，孰爲夫子？」苞氏曰：「丈人曰：不勤勞四體，不分殖五穀，誰爲夫子而索之耶？」植其杖而芸。孔安國曰：「植，倚也。除草曰芸。」子路拱而立。未知所以答也。止子路宿，殺雞爲黍而食之，見其二子焉。明日，子路行以告。子曰：「隱者也。」使子路反見之，至則行矣。孔安國曰：「子路反，至其家，丈人出行不在。」子路曰：「不仕無義。鄭玄曰：「留言以語丈人之二子也。」長幼之節，不可廢也；君臣之義，如之何其可廢也？❶孔安國曰：「言女知父子相養不可廢，反可廢君臣之義耶？」欲潔其身而亂大倫。苞氏曰：「倫，道也，理也。」君子之仕也，行其義也。道之不行也，已知之矣。」苞氏曰：「言君子之仕，所以行君臣之義也。不必自道得行，❷孔子道不見用，自已知之也。」

○逸民：伯夷、叔齊、虞仲、夷逸、朱張、柳下惠、少連。逸民者，節行超逸者。苞氏曰：「此七人皆逸民之賢者也。」子曰：「不降其志，不辱其身者，伯夷、叔齊與！」鄭玄曰：「言其直己之心，不入庸君之朝。」謂：「柳下惠、少連，降志辱身矣，言中倫，行中慮，其斯而已矣。」孔安國曰：「但能言應倫理，行應思慮，若此而已。」謂：「虞仲、夷逸，隱居放言，苞氏曰：「放，置也。置不復言世務也。」❸身中清，廢中權。馬融曰：「清，純潔也。遭世亂，身廢棄以免患，❹合於權也。」我則異於是，無可無不可。」馬融曰：「亦不必進，亦不必退，唯義

---

❶「也」，邢本作「之」。

❷「必自」，原作「自必」，據皇本、邢本改。

❸「置」，皇本、邢本無此字。

❹「身」，皇本、邢本作「自」。

所在。」

○大師摯適齊，亞飯干適楚，孔安國曰：「亞，次也。次飯，樂師也。摯、干皆名也。」三飯繚適蔡，四飯缺適秦，苞氏曰：「三飯、四飯，樂章名也，各異師。繚、缺皆名。」鼓方叔入于河，苞氏曰：「鼓，擊鼓者。方叔，名也。入，謂居其河内也。」播鞀武入于漢，孔安國曰：「播，猶搖也。武，名也。」少師陽、擊磬襄入于海。孔安國曰：「魯哀公時，禮毀樂崩，樂人皆去。陽、襄皆名。」

○周公語魯公孔安國曰：「魯公，周公之子伯禽，封於魯。」曰：「君子不施其親，孔安國曰：「施，易也。不以他人易其親也。」不使大臣怨乎不以。孔安國曰：「以，用也。怨不見聽用。」故舊無大故，則不棄也。毋求備於一人。」孔安國曰：「大故，謂惡逆之事。」

○周有八士：伯達、伯适、仲突、仲忽、叔夜、叔夏、季隨、季騧。苞氏曰：「周時四乳，得八子，❶皆爲顯士，故記之。」

論語卷第九 經一千六百五十字，註一千七百七十八字。

❶ 「得」，邢本作「生」。

論語子張第十九

何晏集解　凡廿四章凡廿五章❶

○子張曰：「士見危致命，孔安國曰：「致命，不愛其身也。」見得思義，祭思敬，喪思哀，其可已矣。」

○子張曰：「執德不弘，信道不篤，焉能爲有？焉能爲亡？」孔安國曰：「言無所輕重也。」

○子夏之門人問交於子張。孔安國曰：「問，❷問與人交接之道也。」子張曰：「子夏云何？」對曰：「子夏曰：『可者與之，其不可者距之。』」子張曰：「異乎吾所聞也。君子尊賢而容衆，嘉善而矜不能。我大賢與，❸於人何所不容？我不賢與，❹人將距

❶「凡廿五章」，内實分二十五章。上「凡廿四章」誤衍。
❷「問問」，皇本、邢本作「問」，是。
❸「我」下，皇本、邢本有「之」字。
❹「我」下，皇本、邢本有「之」字。

我，如之何其距人也？」苞氏曰：「友交當如子夏，汎交當如子張也。」

〇子夏曰：「雖小道，必有可觀者焉；小道，謂異端也。**致遠恐泥，**苞氏曰：「泥，難不通也。」**是以君子不爲也。」**

〇子夏曰：「日知其所亡，孔安國曰：「日知其所未聞也。」**月無忘其所能，可謂好學也已矣。」**

〇子夏曰：「博學而篤志，孔安國曰：「博學而厚識也。」**切問而近思，**切問者，切問於己所學而未寤之事也。近思者，近思己所能及之事也。汎問所未學，遠思所未達，則於所習者不精，於所思者不解之。」❶**仁在其中矣。」**

〇子夏曰：「百工居肆以成其事，君子學以致其道。」苞氏曰：「言百工處其肆則事成，猶君子學以立其道也。」❷

〇子夏曰：「小人之過也必文。」孔安國曰：「文，飾其過，不言其情實也。」

---

❶ 「之」，皇本作「也」，邢本無此字。

❷ 「立」，邢本作「致」。

正也。」

○子夏曰：「君子有三變：望之儼然，❶即之也温，聽其言也厲。」鄭玄曰：「厲，嚴

○子夏曰：「君子信而後勞其民，未信則以爲厲己也。王肅曰：「厲，病也。」信而後諫，未信則以爲謗己矣。」

○子夏曰：「大德不踰閑，孔安國曰：「閑，猶法也。」小德出入可也。」孔安國曰：「小德不能不踰法，故曰出入可也。」

○子游曰：「子夏之門人小子，當洒掃應對進退則可矣，抑末也。本之則無，如之何？」苞氏曰：「言子夏弟子於當對賓客，修威儀禮節之事則可，然此但是人之末事耳，不可無其本也，故云本之則無，如之何也？」子夏聞之，曰：「噫！孔安國曰：「噫，心不平之聲也。」言游過矣！君子之道，孰先傳焉？孰後倦焉？苞氏曰：「言先傳大業者必猒倦，故我門人先教以小事，後將教以大道也。」譬諸草木，區以別矣。馬融曰：「言大道與小道殊異，譬如草木異類區別，言學當以次也。」君子之道，焉可誣也？馬融曰：「君子之道，焉可使誣，言我門人但能洒掃而已也。」有始有卒者，其唯聖人乎！」孔安國曰：「終始如一，唯聖人耳也。」

❶「儼」，皇本作「嚴」。

○子夏曰：「仕而優則學，馬融曰：「行有餘力，則以學文也。」學而優則仕。」

○子游曰：「喪致乎哀而止。」孔安國曰：「毁不傷性也。」❶

○子游曰：「吾友張也爲難能也，苞氏曰：「言子張容儀之難及也。」然而未仁。」

○曾子曰：「堂堂乎張也，難與並爲仁矣。」鄭玄曰：「言子張容儀盛而於仁道薄也。」

○曾子曰：「吾聞諸夫子！人未有自致也者，必也親喪乎！」馬融曰：「言人雖未能自致盡於他事，至於親喪，必自致盡也。」

○曾子曰：「吾聞諸夫子：孟莊子之孝也，其他可能也；其不改父之臣與父之政，是難也。」馬融曰：「孟莊子，魯大夫仲孫速也。謂在諒闇之中，父臣及父政雖不善者，不忍改也。」

○孟氏使陽膚爲士師，苞氏曰：「陽膚，曾子弟子也。士師，典獄官也。」問於曾子。曾子曰：「上失其道，民散久矣。如得其情，則哀矜而勿喜。」馬融曰：「民之離散爲輕漂犯法，乃上之所爲也，非民之過也。當哀矜之，勿之自喜能得其情也。」❷

❶「傷」，皇本、邢本作「滅」。

❷「之」，皇本、邢本無此字。

○子貢曰：「紂之不善也，不如是之甚也。是以君子惡居下流，天下之惡皆歸焉。」孔安國曰：「紂爲不善以喪天下，後世憎甚之，皆以天下之惡歸之於紂也。」

○子貢曰：「君子之過也，如日月之蝕也；❶過也人皆見之，更也人皆仰之。」孔安國曰：「更，改也。」

○衛公孫朝馬融曰：「朝，衛大夫也。」問於子貢曰：「仲尼焉學？」子貢曰：「文武之道未墜於地，在人。賢者識其大者，不賢者識其小者。莫不有文武之道焉，夫子焉不學？孔安國曰：「文武之道未墜落於地，賢與不賢，各有所識。夫子無所不從學也。」而亦何常師之有？」孔安國曰：「無所不從學，故無常師也。」

○叔孫武叔語大夫於朝馬融曰：「魯大夫叔孫州仇也。武，謚也。」曰：「子貢賢於仲尼。」子服景伯以告子貢。子貢曰：「譬諸宮牆也，賜之牆也及肩，闚見室家之好；夫子之牆也數仞，不得其門而入者，不見宗廟之美，百官之富。得其門者或寡矣，苞氏曰：「七尺曰仞也。」夫子之云，不亦宜乎！」苞氏曰：「夫子，謂武叔也。」

---

❶「蝕也」，邢本作「食焉」。

○叔孫武叔毁仲尼。子貢曰：「無以爲也！仲尼不可毁也。他人之賢者丘陵也，猶可踰也；仲尼如日月也，❶無得而踰焉。人雖欲自絶也，其何傷於日月乎？多見其不知量也。」言人雖自欲絶棄於日月，❷其何能傷之乎？適自見不知量。

○陳子禽謂子貢曰：「子爲恭也，仲尼豈賢於子乎？」子貢曰：「君子一言以爲智，一言以爲不智，言不可不慎也。夫子之不可及，猶天之不可階而升也。夫子得邦家者，❸孔安國曰：「謂爲諸侯若卿大夫也。」所謂立之斯立，導之斯行，綏之斯來，動之斯和。其生也榮，其死也哀，如之何其可及也。」孔安國曰：「綏，安之。言孔子爲政，其立教則莫不立，導之則莫不興行也，安之則遠者來至，動之則莫不和穆也。故能生則見榮顯，死則見哀痛矣也。」❹

---

❶「如」，邢本無此字。

❷「欲」，皇本在「自」上，邢本無此字。

❸「子」下，皇本、邢本有「之」字。

❹「見」，邢本無此字。

論語堯曰第二十

何晏集解凡三章

○堯曰："咨！爾舜！天之曆數在爾躬，曆數，謂列次也。允執其中，四海困窮，天禄永終。"苞氏曰："允，信也。困，極也。永，長也。言爲政信執其中，則能窮極四海，天禄所以長終也。"舜亦以命禹。孔安國曰："舜亦以堯命己之辭命禹也。"曰："予小子履敢用玄牡，敢昭告于皇皇后帝：孔安國曰："履，殷湯名也。此伐桀告天文也，殷家尚白，未變夏禮，故用玄牡也。皇，大也。后，君也。大，大君。帝謂天帝也。《墨子》引《湯誓》，其辭若此也。"有罪不敢赦。苞氏曰："順天奉法，有罪者不敢擅赦也。"帝臣不蔽，簡在帝心。言桀居帝臣之位也，有罪過不可隱蔽，❶已簡在天心也。❷朕躬有罪，無以万方，万方有罪，在朕躬。"❸孔安國曰："無以万方，万方不與也。万方有罪，我身之過也。"周有大賚，善人是富。周，周家

❶ "有"，邢本無此字。
❷ 此句皇本作"以其簡在天心故也"。邢本除無"也"字外，餘同皇本。
❸ "在"上，邢本有"罪"字。

也。賚，賜也。言周家受天大賜，富於善人也，「有亂臣十人」是也。「雖有周親，不如仁人。孔安國曰：「親而不賢不忠則誅，管蔡是也。仁人，箕子微子，❶來則用也。」百姓有過，在予一人。」謹權量，審法度，修廢官，四方之政行焉。苞氏曰：「權，稱也。量，斗斛也。」興滅國，繼絶世，舉逸民，天下之民歸心焉。所重：民、食、喪、祭。孔安國曰：「重民，國之本也。重食，民之命也。重喪，所以盡哀也。重祭，所以致敬也。」寬則得衆，❷敏則有功，公則民説。❸孔安國曰：「言政教公平則民説矣。凡此二帝三王所以治也，故傳以示後世也。」

○子張問政於孔子曰：「何如斯可以從政矣？」子曰：「尊五美，屏四惡，斯可以從政矣。」孔安國曰：「屏，除也。」子張曰：「何謂五美？」子曰：「君子惠而不費，勞而不怨，欲而不貪，泰而不驕，威而不猛。」子張曰：「何謂惠而不費？」子曰：「因民之所利而利之，斯不亦惠而不費乎？王肅曰：「利民在政，無費於財也。」擇其可勞而勞之，❹

---

❶「箕」上，皇本、邢本有「謂」字。

❷此句下，邢本有「信則民任焉」一句。

❸「民」，邢本無此字。

❹「其」，邢本無此字。

又誰怨？欲仁而得仁，又焉貪？君子無衆寡，無小大，無敢慢，孔安國曰：「言君子不以寡小而慢也。」❶斯不亦泰而不驕乎？君子正其衣冠，尊其瞻視，儼然人望而畏之，斯不亦威而不猛乎？」子張曰：「何謂四惡？」子曰：「不教而殺謂之虐，不戒視成謂之暴，馬融曰：「不宿戒而責目前成，爲視成也。」慢令致期謂之賊，孔安國曰：「與民無信而虚刻期也。」❷猶之與人也，出内之吝謂之有司。」孔安國曰：「謂財物也俱當與人，而吝嗇於出内惜難之，此有司之任耳，非人君之道也。」

〇孔子曰：「不知命，無以爲君子也。孔安國曰：「命，謂窮達之分也。」不知禮，無以立也。不知言，無以知人也。」馬融曰：「聽言則别其是非也。」

論語卷第十 經一千二百二十三字，注一千一百七十五字。

學古神德楷法日下逸人貫書

堺浦道祐居士重新命工鏤梓

正平甲辰五月吉日謹誌

---

❶ 「慢」下，皇本有「之」字。

❷ 「刻」，皇本作「剋」。

「《儒藏》精華編選刊」選目

經部

讀書叢説
書傳大全（全二册）
古文尚書攷（與《九經古義》合册）
尚書集注音疏（全二册）
尚書後案
毛詩注疏
詩本義
吕氏家塾讀詩記
慈湖詩傳
詩經世本古義（全四册）
毛詩稽古編
毛詩説
毛詩後箋（全二册）
詩毛氏傳疏（全三册）
詩三家義集疏（全三册）
儀禮注疏

儀禮集釋（全二册）
儀禮圖
儀禮鄭註句讀
儀禮章句
儀禮正義（全六册）
禮記正義
禮記集説（衛湜）
禮記集説（陳澔）（全二册）
禮記集解
禮書
五禮通考
禮經釋例
禮經學
司馬氏書儀
春秋左傳正義
左氏傳説

左氏傳續説
左傳杜解補正
春秋左氏傳賈服注輯述
春秋左氏傳舊注疏證（全四册）
春秋左傳讀（全二册）
公羊義疏
春秋穀梁傳注疏
春秋集傳纂例
春秋集注
春秋權衡（與《七經小傳》合册）
春秋經解
春秋胡氏傳
春秋尊王發微（與《孫明復先生小集》合册）
春秋本義
春秋集傳

春秋集傳大全（全三冊）
孝經注解
孝經大全
白虎通德論
七經小傳
九經古義
經典釋文
群經平議（全二冊）
新學僞經考
論語集解（正平版）
論語義疏
論語注疏
論語全解
論語學案
孟子注疏
孟子正義（全二冊）
四書集編（全二冊）
四書纂疏（全三冊）
四書集註大全（全三冊）
四書蒙引（全二冊）
四書近指
四書訓義
四書賸言
四書改錯
四書説
廣雅疏證（全三冊）
説文解字注

史部

逸周書
國語正義（全二冊）
貞觀政要
歷代名臣奏議
御選明臣奏議（全二冊）
孔子編年
孟子編年
陳文節公年譜
慈湖先生年譜
宋名臣言行録
伊洛淵源録
道命録
考亭淵源録
道南源委
聖學宗傳
元儒考略
理學宗傳
明儒學案
宋元學案

四先生年譜
洛學編
儒林宗派
程子年譜
學統
伊洛淵源續録
豫章先賢九家年譜
閩中理學淵源考（全三册）
清儒學案
經義考
文史通義

子部

孔子家語（與《曾子注释》合册）
曾子注釋
孔叢子

新書
鹽鐵論
新序
説苑
太玄經
論衡
昌言
傅子
大學衍義
大學衍義補
朱子語類
龜山先生語録
胡子知言（與《五峰集》合册）
木鐘集
西山先生真文忠公讀書記
性理大全書（全四册）

居業録
困知記
思辨録輯要
家範
小學集註
曾文正公家訓
勸學篇
仁學
習學記言序目
日知録集釋（全三册）

集部

蔡中郎集
李文公集
孫明復先生小集
直講李先生文集

歐陽脩全集
伊川擊壤集
元公周先生濂溪集
張載全集
温國文正公文集
公是集（全二册）
游定夫先生集
和靖尹先生文集
豫章羅先生文集
梁溪先生文集
斐然集（全二册）
五峰集
文定集
渭南文集
誠齋集（全四册）
晦庵先生朱文公文集

東萊吕太史集
止齋先生文集
攻媿先生文集
象山先生全集（全二册）
陳亮集（全二册）
絜齋集
文山先生文集
勉齋先生黄文肅公文集
北溪先生大全文集（全二册）
西山先生真文忠公文集
鶴山先生大全文集
閑閑老人滏水文集
郝文忠公陵川文集
仁山金先生文集
静修劉先生文集
雲峰胡先生文集

許白雲先生文集
吴文正集（全三册）
道園學古録　道園遺稿
師山先生文集
曹月川先生遺書
康齋先生文集
敬齋集
涇野先生文集（全三册）
重鐫心齋王先生全集
雙江聶先生文集
歐陽南野先生文集（全二册）
念菴羅先生文集（全二册）
正學堂稿
敬和堂集
涇臯藏稿
馮少墟集

高子遺書
劉蕺山先生集(全二册)
霜紅龕集
南雷文定
桴亭先生文集
西河文集(全六册)
曝書亭集
三魚堂文集外集
紀文達公遺集
考槃集文録
復初齋文集
述學
揅經室集(全三册)
劉禮部集
籀廎述林
左盦集

出土文獻

郭店楚墓竹簡十二種校釋
上海博物館藏楚竹書十九種校釋(全二册)
秦漢簡帛木牘十種校釋
武威漢簡儀禮校釋

*合册及分册信息僅限已出版文獻。